역사를 읽으면 통찰력을 얻는다
중국역사를 읽으면 중국으로 가는 길이 보인다

21일간의 이야기만화 역사기행

만리 중국사

COMIC VERSION OF CHINESE HISTORY 22, 23

Copyright ⓒ 中国美术出版社总社连环画出版社；编绘：孙家裕；主笔：孙轶彬
Korean translation copyright ⓒ 2013 by Korean Studies Information Co., Ltd.
Korean translation rights of 《COMIC VERSION OF CHINESE HISTORY》
arranged with LIANHUANHUA PUBLISHER directly.

21일간의 이야기만화 역사기행

만리 중국사

11권 양진

초판인쇄 2014년 2월 7일
초판발행 2014년 2월 7일

글·그림 쑨자위
글 쑨이빈
옮긴이 류방승
펴낸이 채종준
기획 권성용
편집 정지윤, 백혜림
디자인 박능원, 이효은
마케팅 송대호, 정경철, 이행은

펴낸곳 한국학술정보(주)
주소 경기도 파주시 회동길 230 (문발동 513-5)
전화 031) 908-3181(대표)
팩스 031) 908-3189
홈페이지 http://ebook.kstudy.com
전자우편 출판사업부 publish@kstudy.com
등록 제일산-115호(2000. 6. 19)

ISBN 978-89-268-5427-3 14910
       978-89-268-5416-7 14910 (set)

11권 양진

분열과 혼란 그리고 통일

쑨자위 글·그림
쑨이빈 글

만리 중국사

21일간의 이야기만화 역사기행

이담 Books

중국은 세계 4대 문명 발상지 가운데 하나다. 중화 문명은 아득히 먼 옛날부터 수천 년
동안 전해져 내려오며 상고上古, 하夏, 상商, 주周, 춘추春秋, 전국戰國, 진秦, 서한西漢, 동한東漢,
삼국三國, 서진西晉, 동진東晉, 남북조南北朝, 수隋, 당唐, 오대십국五代十國, 송宋, 요遼, 서하西夏, 금
金, 원元, 명明. 청淸 등의 역사 시대를 거쳤다.

중화 문명은 세계에서 가장 오래된 문명이자 가장 오래 지속된 문명이기도 하다. 중
화 문명과 어깨를 나란히 한 문명으로는 고대 바빌론 문명, 고대 그리스 문명, 고대 이집
트 문명 등이 있다. 어떤 문명은 중국보다 먼저 발생하고, 또 범위도 훨씬 넓었지만 이들
은 이민족의 침입 혹은 스스로의 부패로 인해 멸망하여 결국 기나긴 역사 속에서 연기처
럼 사라져 버렸다. 중국만이 세계에서 유일하게 문명 대국을 자랑하며 유구한 역사를 이
어 오고 있다.

수천 년 동안 중화 민족은 무엇에도 굴하지 않는 강인한 의지와 과감한 탐구 정신, 총
명한 지혜로 웅장한 역사의 장을 엶과 동시에 눈부시게 찬란한 물질문명과 정신문명을 창
조했다.

이 책의 편집 제작은 정사正史를 바탕으로 진실하고 객관적인 사실을 전달하는 데 주력
했다. 또한 역사를 만화 형식으로 풀어 씀으로써 독자들이 아름답고 다채로우며 생동감
넘치는 장면을 느끼리라 기대한다. 독자 여러분들이 쉽고 재미있게 읽는 가운데 역사를
직접 느끼고 역사에 융화되어 깨닫는 바가 있기를 바란다.

지렌하이紀連海
중국 CCTV '백가강단百家講壇' 강사

들어가며

분열과 혼란 그리고 통일

양진兩晉시대는 서진(西晉, 265~317년)과 동진(東晉, 317~420년) 두 시기로 나뉜다.

삼국 중 가장 막강했던 위나라 왕실에 내분이 이어지자, 이 틈을 이용해 사마의司馬懿가 정권을 장악한 뒤 호족 세력을 기반으로 촉을 멸하고 지위를 확고히 했다. 265년, 사마의의 손자인 사마염司馬炎은 위를 대신해 진을 세우고 도읍을 낙양에 정했다. 역사에서는 이를 '서진'이라 부른다.

서진은 통치 기간이 매우 짧으면서도 암흑과 혼란의 시대로 점철되었다. 통치 집단은 부패가 극에 달하고 권력과 이익을 둘러싼 다툼을 치열하게 전개해, 왕권 강화를 목적으로 세력이 강화된 왕자들이 '팔왕八王의 난'을 일으키면서 안팎으로 모순이 격화되었다. 이 시기에 북방의 유목민족이 잇달아 흥기하여 남하했는데, 서진은 이를 막아낼 능력이 없어 결국 나라가 망하고 말았다.

서진이 멸망한 후 317년에 왕실 후예인 사마예司馬睿가 장강을 건너 남으로 이동해 건강建康에서 '동진'을 건립했다. 동진의 통치 범위는 강남 반쪽 지역에 불과했다. 동진 정권의 정치적 기반은 강남에 임시 거주하고 있던 문벌가들이었는데, 그들 대부분은 가문의 명망과 관직을 지키는 데 급급하고 정치 소양과 정무 능력이 부족하여 동진 정권의 급속한 쇠퇴를 초래했다.

한편 북방에서는 흉노, 선비 등 소수민족이 앞서거니 뒤서거니 하면서 20개 가까운 정권을 수립했다. 이에 남북방 사이에는 전쟁이 끊이지 않았다. 북방 소수민족은 수시로 남하하여 다시 천하를 통일하려 했고, 동진의 일부 제왕과 장수들도 때때로 북벌에 나서 잃어버린 중원을 되찾으려 했다. 그 와중에 전진前秦의 부견苻堅이 대군을 이끌고 동진을 침공해 벌어진 비수淝水 전투는 중국 역사상 소수로 다수를 이긴 유명한 전투로 기록되고 있다.

양진시대에는 정치가 부패하고 시국이 요동쳤지만 사상·문화 분야는 큰 발전을 이룩해 독특하면서도 고결한 품성을 가진 문인, 학사들이 다수 출현했다. 그들의 작품은 매우 자유분방할 뿐 아니라 현실에 대한 불만과 세도가와의 협력을 거부하는 풍격을 갖추었다. 특히 동진 시기에는 문학과 예술 방면에서 커다란 발전을 이루었는데 산수 시인 사영운謝靈運, 전원 시인 도연명陶淵明 등이 기존의 문언시文言詩를 개혁하여 훗날 수·당의 시문詩文이 전성기를 맞이하는 데 기틀을 제공했다.

상고 上古		B.C. 약 800만~2000년
하 夏		B.C. 2070~1600년
상 商		B.C. 1600~1046년
주 周		B.C. 1046~771년
춘추 春秋		B.C. 770~403년
전국 戰國		B.C. 403~221년
진 秦		B.C. 221~206년
한 漢	서한 西漢	B.C. 206~A.D. 25년
	동한 東漢	25~220년
삼국 三國_위·촉·오		220~280년
양진 兩晉	서진 西晉	265~317년
	동진 東晉	317~420년
남북조 南北朝		420~589년
수 隋		581~618년
당 唐		618~907년
오대십국 五代十國		907~960년
송 宋	북송 北宋	960~1127년
	남송 南宋	1127~1279년
요 遼		907~1125년
서하 西夏		1038~1227년
금 金		1115~1234년
원 元		1271~1368년
명 明		1368~1644년
청 淸		1644~1911년

양진 兩晉

- 265년 사마염이 위 황제 조환을 폐하고 진(서진)을 건립
- 280년 서진이 오나라를 멸하고 전국을 통일
- 290년 사마염이 병사하고 사마충(진 혜제)이 제위를 이음.
- 291년 황후 가남풍의 전권, 팔왕의 난 시작
- 301년 사마륜의 제위 찬탈, 사마경이 사마륜을 제거
- 304년 흉노 귀족 유연이 한(漢, 前趙)을 건립
- 306년 팔왕의 난 종결
- 311년 영가의 난이 일어나 유연이 낙양을 함락하고 진 회제를 포로로 삼음.
- 313년 유총이 진 회제를 살해, 조적이 북벌을 단행
- 316년 한이 서진을 멸함.
- 317년 사마예가 강남으로 가 동진 건립
- 319년 석륵이 후조後趙를 건국
- 322년, 324년 왕돈의 난 발생
- 337년 모용황이 전연前燕을 건국
- 357년 부견이 전진前秦을 건국, 왕맹이 전진의 상서가 됨.
- 370년 부견이 연을 멸망
- 371년 환온이 진 황제 폐위 후 대권을 독점
- 376년 전진의 북방 통일, 사안의 집정
- 383년 비수 대전 발발
- 384년 모용수가 후연後燕을 중건, 모용홍이 서연西燕을 건국, 요장이 부견을 살해하고 황제에 오름.
- 386년 탁발규가 북위北魏를 건국
- 395년 연과 위의 참합파 대전
- 397년 독발오고가 남량南凉을 건국
- 399년 손은의 기의
- 403년 환현의 제위 찬탈
- 404년 유유가 환현을 토벌
- 410년 노순의 기의

차례

양진 下

양진 上

양

진

上

兩晉

인물소개

왕개王愷

진의 대유학자인 왕숙王肅의
아들이자 사마염의 외삼촌.
관직이 용양장군, 효기장군,
산기장시에 올랐으며,
생활이 매우 사치스러웠다.
석숭과 부를 겨룬 이야기는
매우 유명하다.

왕준王濬

아명은 아동阿童으로
서진의 유명한 장수
이다. 동오를 멸하는
전투를 지휘했다.

석숭石崇

서진 시대의 문학가.
중국 고대의 유명한
부자로 왕개와 부를
겨루었다.

가남풍賈南風

진 혜제의 황후
이자 가충의 딸.
외모가 추악하고
질투가 심했으며
나약한 혜제 대신
전권을 휘둘렀다.
'팔왕의 난'의 원인
제공자로 후에
조왕 사마륜에게
죽임을 당했다.

사마충司馬衷

서진의 혜제惠帝.
사마염의 아들로
서진의 2대 황제이다.
중국 역사상 멍청하기로
손에 꼽히는 황제이다.

좌사左思

서진의 저명한 문학가.
그가 지은 「삼도부三都賦」
가 당시 큰 사랑을 받아
낙양의 종잇값을 올리는
현상이 빚어졌다.

주처周處

진의 파양태수 주방周魴의 아들. 젊었을 때 방종하고 난폭하기 짝이 없어 마을에 큰 피해를 주었으나 후에 잘못을 뉘우치고 새사람이 되었다.

사마륜司馬倫

사마의의 아홉째 아들. '팔왕의 난'을 주도하고 혜제에게 선양을 협박해 황제에 올랐다.

육기陸機

아우인 육운陸雲과 더불어 서진의 저명한 문학가이자 걸출한 서예가이기도 하다. 평원내사, 저작랑 등을 역임했고 '육평원'이라 불렸다. 후에 '팔왕의 난'으로 죽었다.

유곤劉琨

한 왕실 후손으로 사주 주부를 지낼 때 조적과 함께 한밤중에 닭 우는 소리를 듣고 일어나 무예를 연마했다. 영가永嘉의 난 때 북방이 모두 함락 됐지만 그만이 병주를 굳게 지켰다.

사마경司馬冏

서진의 종실로 사마소의 손자이다. '팔왕의 난' 중에 사마륜과 함께 황후 가남풍을 죽였다. 조왕 사마륜이 제위를 찬탈한 후 그를 배척하자 다른 왕들과 연합해 조왕을 토벌했다.

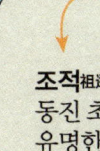
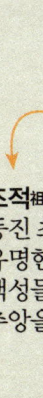

조적祖逖

동진 초기의 유명한 북벌 장군으로 백성들의 절대적인 추앙을 받았다.

시대별지도 - 서진西晉

흉노匈奴

오손烏孫

선비鮮卑

강호羌胡

양주涼州

유주幽州
병주并州
기주冀州
청주靑州
사주司州
연주兗州
낙양洛阳
서주徐州
옹주雍州
예주豫州

서진西晉

익주益州
형주荊州
양주揚州

영주寧州

교주交州

왕준이 동오를 멸하다

265년, 사마소의 아들 사마염司馬炎이 위나라 마지막 황제 조환曹奐을 폐하고 진나라를 건립해 무제에 올랐다. 이때 삼국 중 유일하게 남아 있던 오나라는 황제 손호孫皓가 우매하고 잔학한 데다 미색을 탐하여 국력이 점점 쇠락해 갔다.

동오 건평군

태수님, 상류에서 매일 다량의 나뭇조각과 부스러기가 흘러 내려와 물을 마실 수가 없습니다.

상류는 진나라 영토인데 무슨 꿍꿍이를 꾸미는 거지?

나무라…

큰일이다! 배를 만들어 우릴 공격하려는 것이다!

오나라 수도 건업

건평군 태수 오언*이 진나라가 공격 준비를 하고 있다며 건평과 서릉의 방어를 강화해 달라고 요청했습니다.

장강이란 천연 요새가 있는데 그들이 날개를 달고 날아오기라도 한단 말이냐?

아이고, 예쁜 것!

아, 오나라도 이제 얼마 못 가겠구나!

* 오언吾彦
오나라의 충신. 진나라 왕준의 침공을 막아냈다. 오나라가 멸망한 후 항복했다.

16

손호가 증병 요청을 거절하자 오언은 장강을 지킬 자구책 마련에 나섰다.

쇠밧줄을 가능한 한 많이 만들어서 장강 입구를 봉쇄해라.

예!

폐하께서 장강 방어를 소홀히 하니 이렇게라도 방어하는 수밖에.

하 아-

아동이여, 아동이여, 칼을 물고 장강을 건너네. 물의 짐승은 두렵지 않으나 수중 용은 무섭다네.

애들도 진군이 강을 건너올 줄 아는데 폐하만 모르고 있구나…

17

진나라 황궁

폐하, 아동이란 자가 장강을 건너 오나라를 멸할 것 이라는 동요가 떠돕니다.

아동이 누구냐?

첨 들어.

익주자사 왕준의 아명이 바로 아동 입니다.

오, 그렇 구나!

이참에 왕준에 게 수군을 이끌고 오나라 공격을 명하십시오.

좋다. 그렇게 하자.

279년, 진 무제는 20만 대군을 여섯 길로 나누 어 오나라를 침공했고 이 중 왕준의 수군이 주력부대를 담당했다.

지금 횃불로
쇠사슬을 태워서
끊어라!

왕 장군,
전방에 쇠사슬
이 강을 막고
있습니다!

불이
강물에 닿으면
꺼지잖아요?

걱정
마라.

횃에 참기름을
바르면 기름이 물에
떠 불이 꺼지는 것을
막을 수 있다.

아하!

활~

활~

오나라

폐하, 큰일 났습니다!

장상, 무슨 일인데 이리 호들갑인가?

진군이 장강을 돌파하고 이미 우저까지 내려와 상류의 장수들은 모두 투항했습니다!

뭐?

상류의 수비군은 장강을 천험의 요새로 여겨 병사를 보내 지키지 않다가

진나라 군대가 난데없이 나타나자 놀라서 전투력을 잃고 말았습니다.

쓸모없는 놈들!

장상, 당장 군대를 이끌고 진군과 응전하라!

예!

장상은 수군을 거느리고 왕준과 맞섰지만……

돌격 하라!

두~둥!

헉, 난 못해. 무서워!

장군!

우리도 빨리 투항 하자.

장군, 오군이 항복했습니다!

여기까지 오는 데 전혀 거칠 것이 없었구나.

동오의 명운이 이미 다해 건업을 점령하는 것도 시간문제다.

손호가 대세가 기운 것을 알고 성을 열어 투항하겠답니다. 여기 그가 보낸 항서입니다.

잘 됐구나!

이토록 순조롭게 동오를 접수할 줄이야!

건업

투항했다 하나 처형이 아닌 것을… 어찌 관을 메고 나옵니까?

우리는 줄곧 투항한 군주를 후대했소. 그대도 유선처럼 여생을 즐겁게 보낼 테니 안심하시오!

재물이나 부녀자를 강탈하는 자는 모두 사형에 처할 것이다!

명심하겠습니다.

군사들은 모두 군영으로 돌아가고 명령이 없이는 함부로 나오지 마라!

280년, 동오는 왕준의 손에 멸망했다.

오나라가 모두 투항했는데 건평군만 성을 사수하는 통에 아직까지 점령하지 못했습니다.

흠.

편지를 써서 손호의 투항 사실을 건평태수 오언에게 알려라!

예!

오나라 장수가 오언만 같았다면 우리가 이렇게 손쉽게 승리를 얻지는 못했을 것이다.

건평군

폐하께서 이미 투항하셨는데 내가 이곳을 사수한들 무슨 소용인가.

성벽 위에 백기를 꽂아라!

예!

흑

원통—

아, 슬프도다. 오나라 60년 기업基業이 이렇게 끝나는구나!

26

왕개와 석숭이 부를 겨루다

서진 초기에 왕후와 고관들의 사치가 극에 달해 부를 겨루는 사건이 다반사로 일어났다. 특히 형주자사를 역임한 상시 석숭의 부는 사람들의 상상을 초월했다.

낙양에서 누가 가장 부자냐?

당연히 대인이십니다.

멍충아! 나를 빼고 누가 가장 부자인지 물은 것이다!

당연히 폐하의 외삼촌인 왕개 장군이지요.

그래? 그럼 왕개를 꺾어 볼까……

씨익-

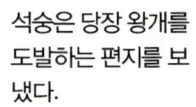
석숭은 당장 왕개를 도발하는 편지를 보냈다.

왕 대인, 편지입니다.

가져와라.

하하!

將軍府

누가 낙양의 최고 부자인지 나와 겨뤄 보겠다고?

흥! 뛰는 놈 위에 나는 놈 있다는 걸 보여주고 말 테다!

왕 장군 집에서는 엿물로 그릇을 씻는대.

그게 뭐 그리 대단해. 석 상시 집은 밥을 지을 때 양초를 땔감으로 쓴다고.

28

나중에 왕 장군이 이 사실을 알고 채소를 땔감으로 쓰라고 했다더군.

쯧쯧

낭비도 이런 낭비가 없어.

어, 길옆에 웬 자색 비단실로 만든 병풍이지?

앞이 바로 장군의 저택이야. 왕개가 만든 게 틀림없어.

석 상시가 어떻게 나올지 궁금해지는걸.

채색 비단으로 장막 50리를 둘러라!

29

대인, 왜 50리를 두릅니까?

왕개가 40리를 둘렀으니 그에게 절대 질 수 없다.

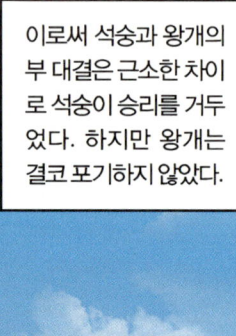

이로써 석숭과 왕개의 부 대결은 근소한 차이로 석숭이 승리를 거두었다. 하지만 왕개는 결코 포기하지 않았다.

하하! 이번에도 내가 이겼다!

외삼촌, 듣자니 석숭과 부를 겨룬 다고요?

예. 하지만 이제 힘에 부칩니다.

후···

폐하께서 저를 좀 도와 주십시오!

당연한 말씀을!

30

여봐라, 궁 안에서 가장 큰 산호나무를 왕 장군 에게 선물하라!

헤헤, 이번 에는 석숭 네가 졌다!

왕개는 산호나무를 가지고 득의 양양하게 석숭을 찾아갔다.

왕 장군, 어떤 보물을 가지고 절 찾아오셨나요?

석 대인, 놀라지나 마시오!

짠~

31

쳇, 난 또 무슨 대단한 보물이라고? 내 쇠몽둥이 맛이나 보시오.

후두둑—

아이고, 내 산호나무가 ……

이 무슨 무례한 짓이오?

우이쓔—

박살난 물건 때문에 기분 상하셨다면 제가 배상해 드리죠.

여봐라, 방 안의 산호나무들을 가져 와라!

석숭의 집

33

맛있다니 다행이구려. 사실 이 돼지는 사람의 젖을 먹여 키운 것이라오.

석 대인이 왕개 장군을 또 이겼다면서요?

그대도 들었구려, 하하!

축하 드립니다~

정말 죄송합니다. 방금 제가 측간을 찾다 부주의해서 대인의 침실로 들어갔습니다.

그럴 리가요? 제 침실은 그쪽이 아닌데요.

그 방에 비단 휘장을 두른 큰 침상이 있고, 또 두 시녀가 향주머니를 들고 서 있었습니다.

잘 찾았소. 그곳이 바로 측간이오!

그런 화려한 측간은 너무 부담이 됩니다. 차라리 하인의 측간이 더 좋네요.

진나라 황궁

외삼촌, 또 졌나요?

황궁의 보물이 석숭 집 것보다 못할 줄 꿈에도 몰랐습니다.

폐하, 한 번만 더 도와 주십시오!

짐은 가난해서 더 좋은 보물이 없소.

네?

천하의 금은 보화가 다 폐하의 것인데 가난하다 말씀 하시면 누가 부자란 말입니까?

그대들은 돈이
없으면 뇌물을
받거나 하지만 짐은
그럴 수 없단
말이오.

국고에 매년
관직을 팔아 챙
긴 수입이 굉장
하던데요. 뭘~

관직을
팔아?

그렇지! 관직을
판 돈을 내가 직접
챙기면 다 내 것이
되는 거잖아!

옳다구나!

유의, 대체
할 말이라는 게
뭐요?

백성의 생활은 곤궁하기 짝이 없는데 석숭과 왕개가 공공연히 부를 겨루니 폐하께서 제지해 주십시오!

이렇게 가다간 폐하도 조만간 한의 환제나 영제 꼴이 날 것입니다!

무엄하다!

뭐? 꼴?!

부를 겨루는 것은 짐이 간여할 바가 아니오.

짐이 요순 같은 명군과는 비교할 수 없지만 적어도 환제나 영제보다는 낫다!

그래도 환제와 영제는 관직을 판 수입을 국고에 넣었습니다. 하지만 폐하는 그 돈을 자기 주머니에 챙기셨습니다!

폐하가 정말 그들보다 낫다 여기십니까?

정말 성가신 놈이야. 하지만 갑자기 얼굴색을 바꾸면 도량이 없는 것처럼 보이니,

먼저 빠져나갈 구멍을 찾자.

환제와 영제 곁에는 그대 같은 충신이 없었지만 짐에겐 있으니 짐이 그들보다 낫다는 증거 아니오!

영명하십니다!

유의가 직언으로 하극상을 범했지만 폐하께선 화내지 않고 외려 기뻐하시니 명군이라 할 수 있습니다!

맞는 말이다. 하하!

무제는 신하의 충고를 듣지 않고 오히려 왕개, 석숭처럼 사치가 극에 달했다. 진나라 상류사회가 이렇게 호화롭고 사치스런 생활에 빠지면서 나라 전체가 위태해지기 시작했다.

내가 최고 부자야!

서진의 백치 황제 사마충

272년, 무제의 명으로 태자 사마충은 임영후 가충의 딸 가남풍을 부인으로 맞이했다.

부인, 이 꽃은 냄새가 너무 좋다.

히죽 히죽

사마충

가남풍

사람들은 내가 태자비가 된 걸 보고 땡잡았다고 생각할 거야.

하지만 이런 바보 태자와 함께 있는 기분을 누가 알겠어?

그만 가세요.

싫~어. 더 놀고 싶다고!

끌고 가
보시지?

약 오르지?

흥, 이제
당신 같은 바
보는 신경도 안
쓸 거예요!

아오,
신경질 나!

엉엉, 나 보고
바보래!

충아, 왜
그러느냐?

아……
아바마마.

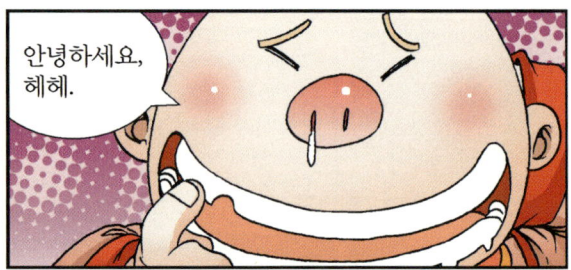

안녕하세요,
헤헤.

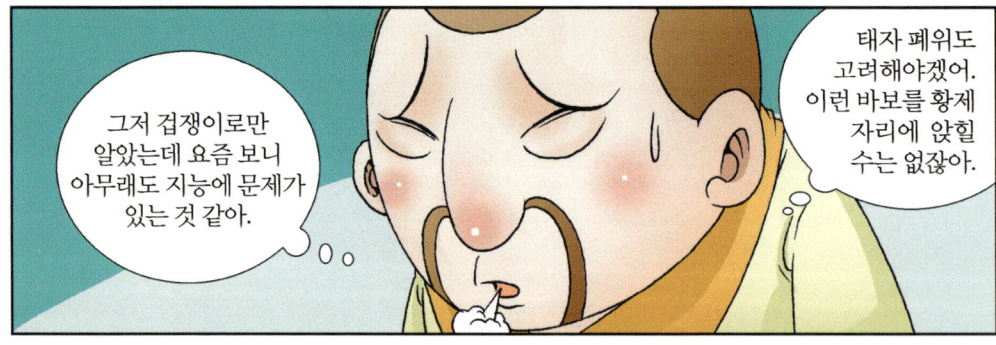

그저 겁쟁이로만
알았는데 요즘 보니
아무래도 지능에 문제가
있는 것 같아.

태자 폐위도
고려해야겠어.
이런 바보를 황제
자리에 앉힐
수는 없잖아.

40

이에 무제는 태자의 지능이 어느 정도인지를 알아보고 폐위를 결정하기로 했다.

태자 전하, 폐하께서 시험 문제를 내셨습니다.

그래?

흰 건 종이요, 까만 건 글씨라……

그만 나가 봐라.

예!

주세요!

돌려줘!

당신에게 맡기면 몇 날 며칠이 걸려도 풀지 못해요.

이 글을 베껴서 내 부친께 갖다 드려라.

예, 마마!

어르신께서 답안을 보내 왔습니다.

정말 멋진 대구야!

이렇게 훌륭한 변려문*을 쓸 사람은 세상에 몇 없습니다.

만약 폐하께서 태자의 글이 아님을 아시는 날에는 뒷수습이 어렵습니다.

하긴…

문장력이 평범한 사람에게 답안을 작성하게 해서 태자께 베끼게 하십시오.

좋은 생각이다!

이 일은 네게 맡기겠다.

잘 처리하겠습니다!

* 변려문駢儷文
4자와 6자로 된 대구로 이루어져 있으며, 문장이 매우 화려해 귀족 사이에 유행했다.

진나라 황궁

페하,
태자가 작성한
답안입니다.

어라?

문장력이 많이
떨어지지만
생각은 확실
하구나.

충은 단지 반응이
느릴 뿐 머리가
절대 나쁘진 않아.
태자를 폐하지
않아도 되겠어.

290년, 무제 사마염이 세상을 떠나고 사마충이 즉위했다. 그가 바로 역사적으로 유명한 백치 황제 진 혜제이다.

상주가 무엇이오?

먹는 건가?

상주란 상소를 써서 밖에서 무슨 일이 일어났는지 폐하께 알리는 것입니다.

누가 상주할 수 있지?

대신들이 합니다.

그럼 다른 사람도 상주할 수 있나?

책임감이 있는 사람이라면 상주하고 간언해 폐하의 통치를 돕습니다.

간언이 뭔지는 아실랑가?…

혜제는 즉위한 후 나랏일에는 전혀 간여하지 않고 엉뚱한 데에만 관심을 가졌다.

나라의 화원에서 우는 개구리는 백성을 위해 울고, 개인의 화원에서 우는 개구리는 자기를 위해 웁니다.

대충 둘러대자. 어차피 모를 테니.

그렇구나!

폐하과 함께 있으면 마음이 조마조마해. 어떤 이상한 질문을 할지 모르니.

몇 년 후 나라에 심한 흉년이 들었다.

올해 수확이 좋지 않아 백성들이 먹을 곡식이 없으니 창고를 열도록 허락해 주십시오!

백성들이 정말 먹을 것이 없소?

그렇습니다. 벌써 굶어죽은 자만 수만 명입니다!

어떻게
그럴 수 있지?

이해불가

폐하가 생각에
잠긴 걸 보니 얘
기가 통하겠어.

감히 날
속이다니!

네?

곡식이 없으면
고기를 먹으면
되는데 어떻게
굶어 죽어?

정말 바보랑은
얘기가 안
통하는구나.

그래…?

먹을 곡식도
없고 고기 또한
구할 수
없습니다.

고기도 없고 곡식도 없다면 고기죽을 먹으면 되잖아?

기가 찬다. 아무것도 없다고!

갈수록 태산이다.

왜 갑자기 아무 말도 없느냐?

할 말을 잃었다.

창고를 열어 주길 간곡히 청합니다!

나 못 열어~

짐이 열쇠가 없는데 어떻게 열지?

폐하께서 허락하시면 신이 열쇠를 드리겠습니다.

좋다!

창고를 열어 식량을 나눠줘라!

감사 합니다!

이런 바보 황제를 만났으니 이 나라도 언제까지 지속될지 모르겠어.

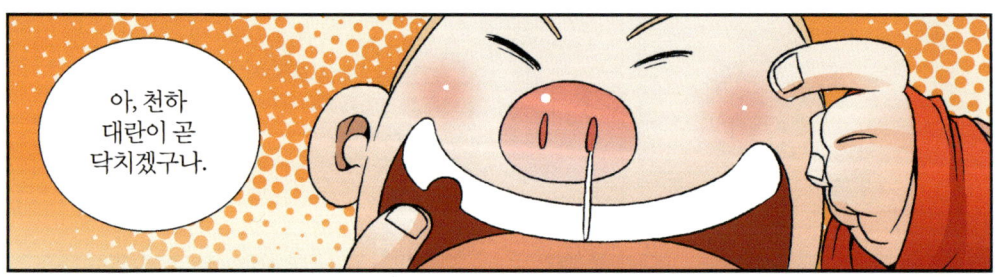

아, 천하 대란이 곧 닥치겠구나.

무능한 혜제를 대신하여 황후 가남풍이 정사에 간여함에 따라 서진 조정은 극도로 혼란에 빠져 결국 '팔왕의 난'이 일어났고, 조왕 사마륜은 혜제의 제위를 빼앗았다. 그러자 제왕 사마경과 성도왕 사마영이 어가를 구하려 기병해 사마륜을 주살하고 혜제를 복위시켰다.

혜제는 복위 후 여러 왕들에게 이리저리 휘둘리며 꼭두각시 취급을 받고 갖은 능욕을 당했다. 306년, 동해왕 사마월이 그를 맞아 낙양으로 돌아갔지만 얼마 후 혜제는 독살당하고 말았다.

주처가
세 가지
해악을 제거하다

진나라 초기, 양선에 주처라는 소년이 살았다. 그는 생전에 파양태수를 지낸 아버지의 후광을 업고 마을에서 제멋대로 행동해 사람들의 고통이 이만저만이 아니었다.

주처 어머니, 아들 관리 좀 잘하세요. 매일 돈도 안 내고 남의 집 음식을 마구 먹는다고요!

주처가 내 아들을 때려서 불구로 만들어 났다고요!

으휴, 죄송합니다. 제 말을 들어 먹어야 말이죠.

51

관아에 고소해 태수께 처벌해 달라고 부탁해 주세요.

태수 어른이 전 주 태수의 제자라 우리 소장은 받지도 않아요.

정말 살 수가 없다고!

에휴…

양선의 세 가지 해악이 없어져야 백성들이 편히 살 텐데…

딸~꾹

이보슈, 양선의 세 가지 해악이 대체 뭐요?

세 가지 해악을 모르는 걸 보니 이곳 사람이 아니구려.

둘째는 성 밖 다리 밑의 교룡*으로 지나가는 배들을 침몰시킨다오.

첫째는 교외 남산의 이마가 흰 호랑이인데 자주 마을로 내려와 사람을 잡아먹소.

요즘 세상에 교룡이 어디 있다고?

그건 물뱀의 일종인데 보통 물뱀과 달라서 교룡이라고 부르고 있소!

그럼 세 번째는요?

세 번째는 호랑이, 교룡과 함께……

소근 소근

* 교룡蛟龍
상상 속의 동물로, 모습이 뱀과 같고 몸 길이가 한 길이 넘고 넓적한 네 발, 붉은 가슴을 가졌으며 등에는 푸른 무늬가 있다. 눈썹으로 교미하여 알을 낳는다고 한다.

주처가
왔다!

먼저
가리다!

세 번째는
아직 얘길
안 했잖소!

빨리
도망가자!

허둥 지둥

너는 누군데
도망가지
않느냐?

세 번째 해악은
이 주처란 자가
틀림없다. 이자가
개과천선할 방법을
찾아보자.

내 말이 말 같지 않느냐? 빨리 대답해라!

난 여기 처음 왔소. 귀하께 양선의 세 가지 해악에 대해 들을까 하는데.

세 가지 해악이 라고?

글쎄, 난 처음 듣는 얘긴데……

그중 두 가지는 남산의 호랑이와 다리 밑 교룡이 라던데요.

아, 두 괴물이 확실히 짜증 나긴 하지.

세 번째는 이 두 가지 보다 더 무서운 주처 라는 젊은이라던데, 그를 아시오?

뭐?

말을 빙빙 돌려서 나를 욕하다니!

어디 감히요. 사람들이 하는 말을 주워들은 것뿐이라오.

내가 주처다!!

마을 사람들이 날 맹수 취급할 정도로 싫어하는 줄은 꿈에도 몰랐어.

마을 사람들이 절 다시 보게 할 방법을 알려 주십시오.

남산 호랑이와 다리 밑 교룡을 죽여 근심거리를 없애면 됩니다.

내일 당장 이 두 화근을 제거해야겠다.

헤헤……

가… 갔어?

주처는 먼저 호랑이를 없애러 산으로 갔다.

어흥!

슉─

팍!

얍!

한 방에 뻗다니, 별것 아니군.

훗!

호랑이를 없앤 주처는 교룡을
죽이러 곧바로 다리로 향했다.

풍덩!

이얍!

요물아,
죽어라!

나흘 후

백호와 교룡이 죽고 주처도 돌아오지 않았대.

앗, 내 얘기다.

그가 교룡과 싸우다가 함께 물에 빠져 죽은 게 틀림없어.

푸하하

최고의 결말인대. 세 가지 해악이 모두 사라졌잖아.

주처가 죽었으니 이제 발 좀 뻗고 살겠다.

술이나 마시러 가자고!

충격

다들 날 이토록 증오했을 줄이야.

59

그동안의 죄를 죽음으로 갚으리라!

챙!

정말로 비겁한 자로군!

앗!

탕아가 뉘우치면 금과도 바꾸지 않는 법. 그대가 개과천선하기만 하면 다들 용서할 것이오!

그렇군요 ……

선생의 가르침에 감사드리오. 꼭 새사람이 되겠습니다.

하하……

주처는 지난날의 잘못을 뉘우치고 인품이 훌륭한 사람으로 변모했다. 훗날 그가 어사중승을 역임할 때 공평하고 사심이 없어 양왕 사마동에게 미움을 샀다.

晋

양왕이 이번 도적 토벌에 주 대인을 부장으로 임명한 것은 아무래도 보복을 노린 듯하니,

병을 핑계로 사직하는 것이 좋겠습니다.

나라에 난리가 일어났는데 어찌 수수방관하겠는가!

주 대인, 양왕께서 군사 5천을 거느리고 즉시 출격하라고 명하셨소!

적군이 7만인데 5천으로 상대하라는 것은 죽으러 가라는 것과 같습니다!

억지라고욧!

아……

대인, 우리 군대가 적군에게 이미 완전히 포위됐습니다.

양왕이 약속한 지원군은 왜 아직도 안 오는 거지?

주처는 무모한 싸움인 줄 알았지만 명에 따라 출격했다.

대인, 그만 포기하십시오. 사마동이 지원군을 보낼 리 없으니 차라리 항복하시지요.

항복?

아니다. 최후의 한 사람이 남더라도 끝까지 싸우겠다!

297년, 주처는 5천 군사와 함께 장렬히 전사했다. 그가 나라를 위해 목숨을 바친 소식이 양선에 전해지자 마을 사람들은 크게 슬퍼하며 무덤과 사당을 세워 그를 기렸다.

낙양의 종잇값을 올린 좌사의 「삼도부」

272년, 여류 시인 좌분이 궁에 들어가 귀빈에 제수되자 이 기회에 좌씨 집안 전체가 낙양으로 이주했다.

이랴

이랴

너무 덥구나!

저기 봐, 반악*이야!

* 반악潘岳
서진의 문인. 천하 제일의 미남으로 가는 곳마다 여성팬을 몰고 다녔다.

대문인 반악?

꺄악~

반악! 반악~!

낙양성 아가씨들이 인재를 알아보는구나.

나 좌사도 재주와 명망을 널리 날리면 아가씨들이 줄줄 따를 거야.

이랴

이랴~

대문인 좌사 납신다. 모두 비켜라!

너무 덥다!

튀!

튀ㅡ

튀ㅡ

아이고!

빨리 가버렷!

반악의 마차에는 꽃을 던지면서 왜 내 마차에는 돌을 던지느냐고!

못생긴 얼굴로 어딜 감히 반악과 비교해?

크크!

공자님, 요즘 낙양성 아가씨들 사이에 미남을 추종하고 추남을 괴롭히는 것이 유행입니다.

아가씨들이 반악의 문학적 재능을 사랑한 것이 아니었구나.

너무 풀 죽지 마세요. 돌을 맞은 인재는 공자님만이 아닙니다.

며칠 전 장재 대인은 하마터면 마차가 박살날 뻔했습니다.

장재 대인의 문장은 정말 뛰어난데 시간 나면 언제 인사라도 드려야겠어.

네, 아마 두 분은 잘 통하실 겁니다.

하루는 좌사가 자신의 시를 평가받으려 장재의 집을 찾아갔다.

좌사, 자네가 쓴 「영사시詠史詩」는 정말 훌륭하네.

Very good!

쑥 쓰~

저도 장 대인의 「검각명劍閣銘」이 정말 맘에 듭니다.

대인께서 한동안 사천에 계셨다고 들었는데 그쪽 자료를 좀 볼 수 있을까요?

당연하지. 그런데 뭘 쓰려고 하나?

쓰다가 막히는 부분이 있으면 언제든지 찾아오게. 아는 한에서 최대한 도와줄 테니.

감사합니다!

삼국이 얼마 전 통일됐는데 각 나라의 도성에 관한 부賦를 쓰고 싶습니다. 이름하야 「삼도부三都賦」입니다.

오, 그거 멋진 발상 이군.

좌사가 「삼도부」를 짓는다는 소문이 돌았고, 당대의 문인 육기도 그 소식을 듣게 되었다.

육기, 드디어 적수를 만났어.

좌사라는 친구가 「삼도부」를 쓴다는구먼.

무슨 말인가?

내가 몇 년 전부터 「삼도부」를 쓰려고 구상했는데, 대체 좌사는 어떤 놈이야?

감히─

얼마 전 낙양에 온 무명 문인이라 더군. 장재가 그를 높이 평가한대.

좌사란 놈이 하늘 높은 줄 모르는구나. 그가 쓴 건 내 술독 덮개에나 어울린다고.

좌사가 육기에게 도전장을 던졌대.

육기는 대응할 가치도 없다고 여겨서 좌사가 쓴 걸 술독 덮개로 쓰겠다고 했다더군.

얘기가 점점 이상하게 흐르네.

근데, 술독 덮개라고?

좌사는 육기의 조롱을 듣고 치욕을 꾹 참으며 의지를 불태웠다.

세상을 깜짝 놀라게 할 작품을 꼭 쓰고 말겠어!

내 「삼도부」는
반고의 「양도부」나
장형의 「양경부」를
꼭 뛰어넘어야 해!

시간은 어느덧 10년이 지나갔다.

드디어
완성했다!

촉의 도성은
상고 때에 기틀을
닦아 중고 때에
개국하니……

그런데
잘 썼는지
모르겠어.

경성 문학권
에서는 장화를 제일
로 쳐 주니 가서
품평을 받아
보자!

장 대인, 이건 제가 쓴 「삼도부」인데 한번 봐 주시겠습니까?

삼도부?

위국선생이 용모를 바로하고 이내 눈을 부릅뜨고 눈썹을 치켜 올리며 말하길,

오~ 훌륭하네!

정말 입니까?

엉엉……

왜 우는 건가?

칭찬 해줬잖아.

「삼도부」가 대인의 인정을 받아 너무 기뻐서 그럽니다!

이렇게 훌륭한 작품은 낙양 문인들이 한 권씩 가지고 있어야 해.

하지만 제 잘난 맛에 사는 문인들에게 이를 베끼게 하려면 문단 태두의 인정이 꼭 필요하다고.

문단 태두인 현안 선생을 찾아뵙고 「삼도부」의 추천사를 부탁드려 보게.

현안 선생은 연세가 많으셔서 새 문인을 받지 않는다고 들었습니다.

내가 편지를 써 주면 분명 만나 줄 걸세.

나만 믿어!

좌사의 「삼도부」는 현안 선생의 서문을 받은 후 인기가 하늘을 찔렀다.

요즘 종잇값이 터무니없이 올랐어.

물건은 적을수록 귀한 법이잖아. 상점마다 종이가 다 바닥났다더군.

종이가 왜 갑자기 잘 팔리는 거야?

요즘 좌사의 「삼도부」가 최고 인기잖나? 낙양성 고관 귀족들이 종이를 사서 그걸 베낀다고 종잇값이 천정부지로 뛴 거지.

그렇구먼.

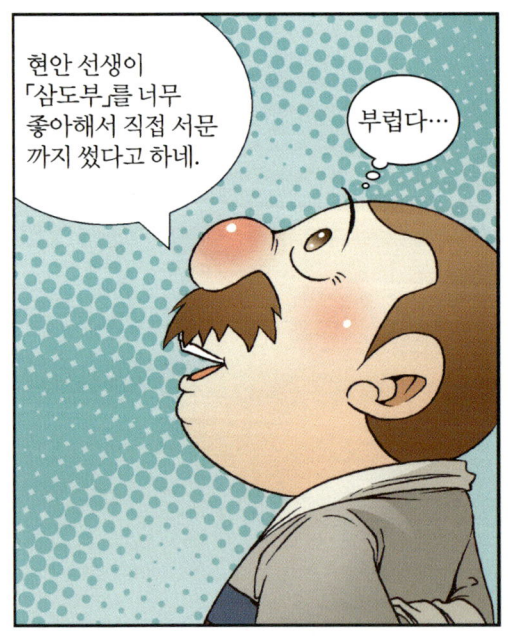

현안 선생이 「삼도부」를 너무 좋아해서 직접 서문까지 썼다고 하네.

부럽다…

육기도 좌사의 「삼도부」를 읽고 자기 「삼도부」 원고를 술독 덮개로 썼고.

세상에! 스스로 고결하다고 여기던 육기까지……

낙양의 종이가 귀해졌다는 뜻의 '낙양지귀洛陽紙貴'는 공급이 수요를 따라가지 못함을 가리킨다. 지금까지도 일세를 풍미한 작품을 말할 때 이 표현을 쓴다.

사마륜의
제위 찬탈

진 혜제가 등극한 후 정권을 쥔 황후 가남풍은 자기와 가까운 사람만 등용하고 반대하는 사람은 모조리 죽였다.

가밀,
뭣 때문에
이리 불안해
하느냐?

마마, 태자가
밖에서 작당하여
사사로운 이익을
도모한다고
합니다.

뭐라고?

태자가 설마
반란을 일으키
려는 건가?

75

태자는 마마의 친아들이 아니니 조심하시는 게 좋습니다.

태자를 살려 둬선 안 되겠다.

그럼 태자를 술에 취하게 만들어 모반하는 글을 옮겨 쓰게 한 연후에…….

좋은 생각이다!

흐흐흐

가남풍은 태자에게 모반하는 글을 억지로 쓰게 하고 이를 빌미로 태자를 폐위했다.

허초, 황후의 태자 폐위를 어떻게 생각하나?

사마아, 태자가 우릴 박하게 대하지 않았으니 도울 방법을 찾아야 하네!

맞네. 당연히 그래야지!

태자가 무너지면 우리 태자당 사람들도 끝장이라고!

절대 안 돼!

조왕 사마륜은 선황의 숙부에다 황후의 신임도 깊이 받고 있으니 도움을 청할 만하네.

조왕이 거기장군 손수의 말이라면 껌뻑 죽네. 손수를 설득하면 조왕을 설득하는 것과 같다고.

그럼 뭘 기다리나?

손 장군, 며칠 전 황후가 태자를 폐한 일로 대신들의 불만이 가득해 거사를 준비하는 이가 많습니다.

조왕이 황후의 측근이라서 다들 이 일에 연루될 것으로 여기고 있습니다.

황후가 일단 실각하면 조왕도……

조왕이 무너지면 나도 끝장이다.

사마아, 조왕과 관계를 청산하려면 어찌 해야 하오?

관계 청산 보다 조왕이 직접 황후를 죽이는 게 가장 좋습니다!

대신들의 원성이 자자해서 황후를 따랐다가는 조만간 재앙을 당하겠어.

흠~

걱정 마시오. 황후를 죽이도록 조왕을 설득 하겠소.

옙!!

조왕부

그대 말이 일리가 있다. 빨리 황후를 죽이러 가자!

조왕, 서두르지 마십시오.

황후가 죽으면 대권은 누구 손에 들어 가겠습니까?

당연히 태자지.

대인이 황후에게 의지한 일을 속 좁은 태자가 그냥 넘길 리 없습니다.

그럼 그들을 한꺼번에 제거할 방법이 없을까?

남의 칼을 빌려 죽이는 겁니다.

79

도성 내 태자를 옹립하고 황후를 폐하려는 자가 있다고 유언비어를 퍼뜨리면 황후가 이 말을 듣고 후환을 없애려 분명 태자를 죽일 것입니다.

그러면 우리가 태자의 복수를 명분으로 황후를 죽이고 정권을 빼앗는 겁니다.

기가 막힌 묘책이다!

일은 손수의 예상대로 착착 진행되었다.

황후가 예상대로 태자를 죽였습니다. 대인은 즉각 움직이십시오.

제왕 사마경과 의양왕 사마위도 태자 복수에 나선다고 하니 그들과 함께 행동에 옮기자고.

제왕 사마경은 궁문 수비를 책임지는 익군교위이니 대사는 이룬 것과 다름없습니다!

사마륜의 명을 받은 사마경은 그 길로 황후에게 달려갔다.

뻥!

사마경, 궁문을 지키지 않고 여긴 왜 왔느냐?

폐하께서 황후를 잡아 오라고 명하셨소!

황후를 당장 잡아서 옥에 가둬라!

어명이 내 손에 있는데, 무슨 헛소리냐?

누가 이런 짓을 시켰느냐?

조왕이다.

내가 대수롭지 않은 인물을 죽이는 데 정신이 팔려 조왕이 설치도록 방심했구나.

사마륜 이놈!

개를 묶으려면 목을 옭아매야 사람을 물지 않는 법이거늘

밧줄로 개 꼬리를 묶었다가 결국 물리고 말았구나!

가남풍이 제거되자 대권은 이제 조왕 사마륜의 수중으로 들어갔다.

조왕, 황후 가남풍을 처리했습니다!

잘했소!

화근을 없애야 하니 가씨 일족도 모조리 죽이시오!

훌륭하구나!

조왕부

이제 황제에 오르실 때가 됐습니다.

두말하면 잔소리지!

하지만…
명분이 약하단
말이야.

제게
다 방법이
있습니다.

황제에
오르시면 절대
절 잊으시면
안 됩니다.

내 어찌
그대를
잊겠나?

낄

낄낄

진나라 황궁

궁 안에 선제의
신령이 나타났으니
조왕이 즉각 서궁
으로 이주하겠
습니다.

헤헤

서궁은
폐하의
침궁인데!

이제 옥새를 내놓으시지요!

바보 황제에게 무슨 말이 필요해. 빼앗으면 그만이지.

그럼 의양왕께 맡기겠습니다.

OK~

내가 내줄 줄 알고? 메롱!

이리 내놔!

여기 옥새가 있구나!

돌려줘, 돌려 달라고!

으앙~

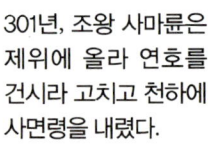

301년, 조왕 사마륜은 제위에 올라 연호를 건시라 고치고 천하에 사면령을 내렸다.

짐이 등극한 지 얼마 안 돼 기반이 약하니 민심을 잡을 방법을 찾아야 할 텐데.

누구에게나 관직을 주십쇼. 그러면 반대할 사람이 없을 겁니다.

좋다. 16세 이상의 태학생을 모두 관리에 임명하고, 태수와 현령도 전부 후에 봉하라!

후의 관모에는 담비 털을 꽂는데, 세상에 그 많은 담비 꼬리가 있을까요?

그러면 개 꼬리로 대신해라. 어쨌든 모양은 비슷하잖아!

사마충은 태상황에 추존되어 금용성에 연금되었다. 사마륜이 스스로 황제를 칭하자 여러 왕들이 잇달아 기병하여 그에게 반대하면서 더 큰 재앙이 뒤따랐다.

내분의 결정판,
팔왕의 난

제왕 사마경은 사마륜을 위해 가남풍을 제거하는 큰 공을 세웠지만 어떤 상도 받지 못하고 도리어 멀리 허창으로 전근 가는 신세가 되고 말았다.

사마륜, 사람의 은공도 모르는 배은망덕한 놈!

화가 난다!

그래, 이참에 다른 왕들과 연합해서 그를 제위에서 끌어 내리자!

사마경은 각 왕들에게 사마륜을 토벌하자는 편지를 보냈다.

제왕, 하간왕에게서 회신이 왔습니다.

얼른 뜯어 보자!

옳지, 그가 기병하는 데 동의했다.

음…

??

사마경은 여러 왕들을 이끌고 즉각 황궁으로 쳐들어갔다.

폐하, 큰일 났습니다! 제왕, 성도왕, 하간왕, 상산왕과 신야공이 연합해 반란을 일으켰습니다.

뭐?

88

금방 역적들을 토벌할 수 있으니 마음 놓으십시오.

손수, 무슨 좋은 방법이 있느냐?

다섯 왕 가운데 진정한 위협은 제왕과 성도왕의 군대뿐! 나머지는 걱정할 필요가 없습니다.

따라서 두 군대만 격파하면 나머지는 싸우지 않고 물러갈 것입니다.

하지만 손수의 예상은 완전히 빗나갔다.

폐하, 아군이 참패했습니다!

뭐라고?

89

성도왕의 군대가 도성을 향해 전속력으로 쳐들어옵니다!

폐하, 빨리 달아나셔야 합니다.

끙…

정말로 승산이 없단 말이냐?

지체하다 저들에게 잡힙니다!

후다닥

하지만 사마륜은 궁문도 채 벗어나지 못했다.

궁문 수비를 책임지는 좌위 장군 왕여가 배신했습니다!

허걱!

90

아, 이제 어쩌면 좋단 말이냐?

하늘이 우릴 버리는구나.

넌 독 안에 든 쥐다!

왕여, 제발 우리를 놓아 주게.

흐흐

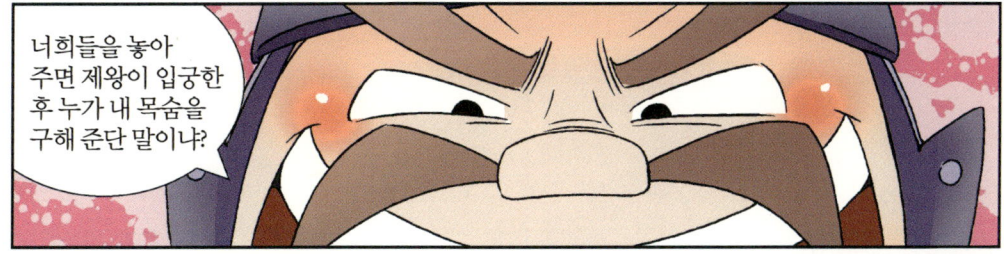

너희들을 놓아 주면 제왕이 입궁한 후 누가 내 목숨을 구해 준단 말이냐?

저들을 옥에 가두고 제왕의 명을 기다려라!

예!

사마륜 일당 몇 명을 더 잡으면 내 공이 올라 가겠지······

아니,
그건 독주
아닌가?

맞다!

사마륜,
빨리 이걸
마셔라!

난 마시기
싫다!

엉~ 엉~

이젠 너와도
이별이구나!

으윽……

사마경은 사마륜을 제거하고
혜제를 다시 황위에 앉혔다.

폐하의
복위를 축하
드립니다!

안 뇽~

죄인 사마위
대령이요!

헤헤……

제…제발
살려 주십
시오!

이 나쁜 놈! 지난번
너한테 옥새를 뺏기
다가 내 손가락이
잘릴 뻔했잖아. 용서
하지 않을 테다!

악!

93

여봐라, 사마위를 끌어내 목을 베어라!

너무 두려워 마라. 사마륜이 황천길에서 기다릴 것이다.

사마충 복위 후 정권을 독점한 제왕 사마경이 여색에 빠져 정사를 등한시하자 여러 왕들의 불만을 샀다.

제왕, 큰일났습니다! 하간왕, 장사왕, 성도왕이 함께 반란을 일으켰습니다!

폐하 복위에 내가 가장 큰 공을 세웠는데 그들이 왜 날 토벌하지?

논공행상을 제대로 하지 않아서 여러 왕들이 불복하는 것입니다.

왕융, 그럼 어찌해야 하는가?

그건 말도 안 돼!

하간왕과 성도왕을 이길 수 없으니 대권을 넘겨주고 봉지로 돌아가야 그나마 목숨을 부지할 수 있습니다.

그리고 설사 대권을 내주더라도 절대 날 살려 둘 리 만무해.

제왕이 검을 빼 날 죽이려는 건가? 빨리 여길 벗어날 방법을 찾아야겠다.

얼마 후, 장사왕 사마애는 사마경의 군대를 대파하고 황제를 납치했다. 사마경은 이를 용납할 수 없어 황제를 빼앗아 오기로 결심했다.

사마애, 오늘 꼭 너와 결판을 내고 말겠다!

그 실력으로 덤빈다고?

에계계~

화살 맛 좀 봐라!

쉭-

쉭-

쉭-

어, 재밌는 구경거리라도 났나?

폐하, 위험합니다!

사람 살려! 반란이다! 사마경이 날 죽이려 한다!

살려줘~

푸욱

사마경이 폐하를 시해했다. 그를 죽이는 자에게 큰 상을 내리겠다!

제왕 사마경은 장사왕 사마애에게 대패했다. 그러나 여러 왕들의 혼전은 여기서 끝나지 않고 더욱 치열하게 전개돼 결국 정권은 동해왕 사마월 수중에 넘어갔다. 8명의 왕이 이 투쟁에 참가해 역사에서는 이를 '팔왕의 난'이라고 부른다.

흉노가 영가의 난을 일으키다

306년, 혜제가 죽고 회제懷帝가 즉위하여 연호를 영가永嘉로 고쳤다. 전쟁이 끊이지 않으면서 북방의 각 민족이 잇달아 기의했는데, 그중 가장 막강했던 민족은 흉노가 세운 한漢나라였다.

310년, 한의 대장 유요와 석륵*이 군사를 거느리고 진의 도성인 낙양을 공격했다.

석륵, 진나라에 팔왕의 난이 일어나 동해왕 사마월이 최종 승리했다는군.

팔왕의 난으로 진나라의 국력이 크게 손상돼 지금은 속 빈 강정에 불과합니다.

만사 불여튼튼 일세. 불의의 일격을 면하려면 진나라를 가볍게 보지 말게.

어 허!

예, 철저히 대비하겠습니다.

* 석륵石勒
16국 시대 후조後趙의 개국 황제. 흉노가 세운 한나라에서 장군으로 활약했다.

진나라가 완강히 저항하는 통에 대치가 길어져 언제 이길 수 있을지 모르겠네.

우리에게도 그렇게 오래 버틸 식량이 없습니다.

제게 낙양성의 투항을 받아 낼 방법이 있긴 합니다.

어서 말해 보게!

즉각 군대를 나눠 낙양 주변의 성을 공격하여 식량 보급로를 끊어라!

그들이 먹을 것이 없으면 고분고분 투항 하지 않을까요?

좋은 생각이다!

낙양

東海王府

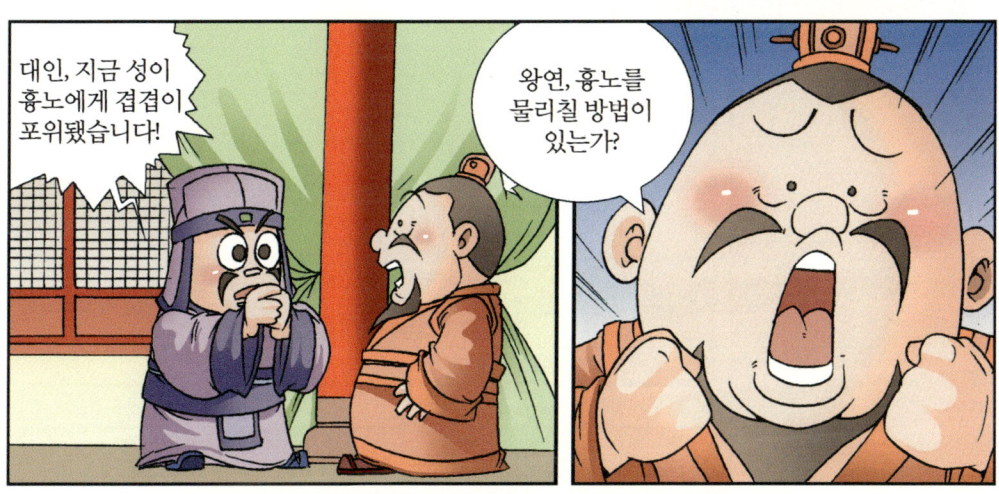

대인, 지금 성이 흉노에게 겹겹이 포위됐습니다!

왕연, 흉노를 물리칠 방법이 있는가?

흉노가 막강한 병력으로 낙양 주변의 성을 하나하나 점령했습니다.

속 수

무 책

우리 군대는 그들의 적수가 안 되니 무슨 방법이 있겠습니까?

큰일 났습니다. 청주 대도독 구희가 배신을 했습니다!

뭐?

국난이 눈앞에 닥쳤는데 나라를 배신하다니. 내우외환이 겹쳤구나!

며칠 후 사마월이 갑자기 병에 걸렸다.

헉헉……

왕연,
내 얼마 못
살 것 같네.

내가 죽은 후
반드시 흉노를
몰아내고 내 시신을
동해로 옮겨 주게.

걱정 마십시오.
이 한목숨 바쳐 대인
의 유언을 반드시
지키겠습니다!

그렇다면
마음이
놓이네.

왕연은 10만 대군을 거느리고 동해왕의 운구를 동해로 옮긴다는 구실로 성을 나왔다.

포위를 뚫으려면 이곳부터 지나가라!

와~

사람 살려!

진나라 군대는 흉노의 적수가 되지 못했다. 수만 명의 사상자가 발생하고 왕연을 포함한 귀족들이 포로로 잡혔다.

석 장군의 용병이 귀신 같아서 위청, 곽거병은 발끝도 따라올 수 없습니다!

입에 침이나 발라라. 흥!

맞습니다. 석 장군은 천신인데 우리 같은 범인이 어찌 적수가 되겠습니까!

딱 보니 장군은 제왕의 기상을 가지셨군요.

그만해라!

진나라 태위란 자가 적장에게 아부나 떨다니.

진나라는 너 같은 인간이 망친 것이다!

104

이 진나라 인간 망종을 너희들 노비로 삼아라.

그럼 생매장하라!

예!

저희가 어떻게 저들을 부릴 수 있겠습니까.

한편 식량 공급이 끊긴 낙양 백성들은 굶기를 밥먹듯 했다.

며칠째 아무것도 못 먹었어.

비실

비실

배고파 죽겠다고.

포위를 뚫고 지원 요청하러 간 태위 왕연은 왜 아직까지 소식이 없지?

왕공귀족들도 우리 백성처럼 배를 곯을까?

그들도 먹을 것이 없다더군. 날마다 금은보화를 끌어안고 넋이 빠져 있대.

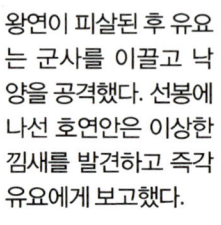

왕연이 피살된 후 유요는 군사를 이끌고 낙양을 공격했다. 선봉에 나선 호연안은 이상한 낌새를 발견하고 즉각 유요에게 보고했다.

금은보화가 아무리 많으면 뭐해? 당장 먹을 것이 없는데!

유 장군님!

호연안, 무슨 일이냐?

성에 한참 동안 화살을 퍼부었는데 진나라가 반격하지 않는 게 속임수가 있을까 염려됩니다.

불화살을 쏴 허실을 탐지해 봐도 불을 끄러 나오는 사람이 아무도 없습니다.

그래?

이상한 일이군.

그러네요.

상관 없습니다. 계속 공격에 나서죠!

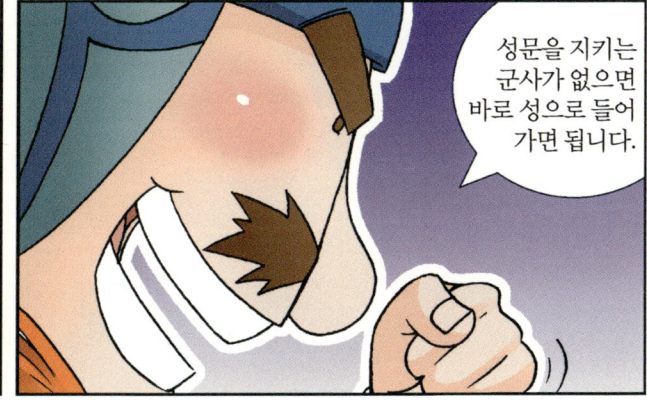

성문을 지키는 군사가 없으면 바로 성으로 들어 가면 됩니다.

휑─

이상해.
거리가 텅 비고
사람 그림자조차
안 보여.

백성들이 배가
고파서 움직이지
못하는 것 아닐까요?
집으로 들어가서
살펴보겠습니다.

그러도록
하게.

유요와 석륵은 상황을 파악
하러 민가로 들어갔는데……

맙소사!

힉!

1년 동안 식량을 끊었다고 굶어 죽은 시체가 부패도 안 된 채 백골만 남을 리 없을 텐데.

성 안에 살아 있는 사람을 찾았는데……

그래?

그들 말로는 배고픔을 견디다 못해 사람이 사람을 먹는 참극이 빚어져 여기저기 사람 뼈가 널려 있는 것이랍니다.

사람이 너무 많이 죽었다. 전부 불태워 버려라!

예!

황제를 찾았습니다. 너무 굶어서 지금 인사불성 상태입니다.

황제도 굶어 죽었을까요?

궁을 샅샅이 수색 중이다.

진나라 황제를 포로로 끌고 가라!

313년, 회제가 독살된 후 청주 대도독 구희가 장안에서 사마업 司馬鄴을 민제愍帝로 옹립했다.

이후 316년, 한의 군대가 장안을 공격하자 민제가 성문을 열고 항복했다. 이로써 서진이 멸망했다.

중원 수복을 염원한 조적

서진이 망한 후 317년에 사마예司馬睿가 강남으로 내려가 건업을 수도로 삼고 동진을 건국했다.

동진 초기의 유명한 북벌 장군 조적과 유곤은 서로 뜻이 맞는 친구였다.

전쟁은 나라의 대사이자 백성의 생사가 달린……

조적, 또 병서를 읽는 거야?

유곤, 왔나?

오랑캐가 쳐들어 온다는데 황실은 권력 다툼에만 매달려 나라를 혼란에 빠뜨리고 있네.

내우에 외환까지 겹쳐서 재앙을 면하기 어려워졌어.

응. 결국 고통 받는 건 백성이지.

내 꼭 학문과 무예를 연마해서 나라를 지키고 말겠어.

전쟁은 속임수다. 능력이 있으면서도 능력이 없는 것처럼 하고, 사용하면서도 사용하지 않는 것처럼 하라……

중얼 중얼

조적, 일찍 자라고!

알았어.

아 함~

꼬끼오~

벌써 날이 밝다니!

유곤, 이게 무슨 소린지 들어 봐!

펑!

닭 울음소리잖아. 그런 걸로 사람을 깨우고 그래?

닭이 울면 아침이 온 거잖아. 나라에 충성하고 백성을 보호해야 할 우리가 늦잠을 자는 게 말이 돼?

일어났다고.

이제 암탉이 울면 일어나서 검술을 연습하자.

좋지!

가장 추운 삼구*에도, 가장 더운 삼복에도 열심히 연습하면 뛰어난 무예를 익힐 수 있어!

하늘은 스스로 돕는 자를 돕는 법. 조적과 유곤은 쉬지 않고 노력해 마침내 문무를 겸비한 인재로 성장했다.

훗날 유곤은 하북의 병주로 파견돼 흉노의 침입을 막았고, 조적은 하남의 고향으로 내려가 어머니 삼년상을 치렀다.

311년, 낙양이 함락되자 조적은 어쩔 수 없이 마을 사람들을 이끌고 낭야왕 사마예가 지키는 강남으로 도망쳤다.

오랑캐는 수박을 자르는 것보다 빨리 사람 목을 벤다는구먼.

얘기만 들어도 오싹해지네.

*삼구三九
동지가 지난 후 19일째부터 27일째까지의 기간으로 1년 중 가장 추운 때를 이름.

마을 사람들이
안착하면 중원을
수복할 방법을
꼭 찾아야 돼!

조적은 남하하는 길에
백성들을 지키고 도적
떼들을 물리쳐 칭송이
자자했다.

유곤 대인이
보낸 편지입니다.

앗,
이런!

무슨 일입니까?

중원 대부분이
적에게 함락됐
다는군.

내 반드시 흉노 정벌에 나서 중원을 회복하고 말 테다!

이에 조적은 사마예를 만날 때마다 북벌의 당위성을 설파했다. 하지만 돌아온 답은……

낭야왕이 대인께 북벌을 명하면서 식량은 줄 수 있어도 군사는 줄 수 없다고 합니다.

중원이 함락된 후 흉노가 황실 구성원을 모두 죽이고 있네. 낭야왕은 얼마 안 남은 황실 혈통이라 당당하게 황제가 될 수 있는데도 강남에 안주하려 해서 큰일이야.

그럼 낭야왕은 중원을 수복할 생각이 아예 없단 말입니까?

그는 아예 오랑캐가 중원을 정복하길 바라고 있네.

117

하지만 겉으론 어떤 행동이든 취해야만 하니

이런 방법으로 북벌 실현을 막으려는 거지.

그렇다고 이런 시련 때문에 북벌을 멈출 수는 없다!

조적은 군대를 소집해 장강을 건넜다. 배가 중간쯤 이르렀을 때였다.

드디어 나와 함께하길 원하는 병사들을 모았어.

아!

118

대인, 왜
그러십니까?

만약 내가 중원을
수복하지 못하면
이 넓은 장강으로 변해
계속 북방으로 흐르며
절대 돌아오지
않겠다!

저희도 대인을
따라 북벌을
이루겠습니다!

조적은 장강을 건넌 후 회음
에 주둔하며 무기를 만들고
병사를 모집했다.

우리 병력이
아직도 턱없이
부족하다.

119

백성들이 목숨을 부지하기도 바빠 징집은 언감생심 입니다.

내게 좋은 방법이 있다!

우리가 마음에서 우러나와 민족적 대의로 그들을 설득 하면 그들의 마음도 움직일 것이다.

하지만 대다수 지주와 부호들이 적에게 투항 했습니다.

이곳에는 지주 수백 명과 막강한 무기가 있다.

그들은 오늘은 이 정권에 의지하고 내일은 다른 정권에 의지하여 충성을 다하는 군주가 없는 사람들이다.

봉파오주 진천의 세력이 가장 막강하니 먼저 그를 설득해 보자!

진천이 우리에게 귀순하길 거절했을 뿐 아니라 공격까지 했습니다.

진천을 설득하지 못한다면 다른 지주와 토호를 절대 설득할 수 없다!

좋은 말로 해서 듣지 않으면 무력으로 굴복 시켜라!

조적은 당장 진천 토벌에 나섰다.

공격!

와ー

진천은 결코 내 적수가 아니다.

121

많은 지주와 토호들이 진천의 패배 소식을 듣고 우리에게 투항했습니다.

잘됐구나!

군사훈련을 더욱 강화하여 황하를 건너 중원을 수복할 준비를 하라!

사마예는 조적이 군대를 보유하고 세력을 강화하지 않을까 우려해 사람을 보내 감시했다. 조적은 이 사실을 알고 크게 실망해 울분이 병이 돼 잃어버린 땅을 되찾기도 전에 세상과 작별을 고했다.

조적이 죽은 후 군대에 내분이 발생하여 북벌은 결국 흐지부지되고 말았다.

양진 下

양
진
下

兩晉

사마예司馬睿
동진의 개국 황제.
동진 초기에 정치는
왕도가 주도하고,
군사는 왕돈이 장악하여
당시 사람들은 "왕씨와
사마씨가 천하를 함께
다스린다"고 말했다.

왕도王導
동진 초기의 대신.
원제 · 명제 · 성제 3대를
거쳐 대신을 지냈고,
동진 정권의 기초를
다진 인물 중 하나다.

왕희지王羲之
동진의 서예가로
'서성書聖'이란 칭호를 얻었다.
아들 왕헌지王獻之 역시
서예 실력이 뛰어나,
사람들은 이들을 '이왕二王'
이라 불렀다. 그가 행서로 쓴
「난정집서蘭亭集序」가 매우
유명하다.

왕돈王敦
동진 초기의 권신.
사족士族 출신으로
왕도의 사촌형이다.

왕맹王猛
동진의 명신이자
현명한 재상.
후세에 걸출한
정치가와 군사가로
인정받았다.

환온桓溫
동진의 대신.
형주자사를 역임하고
안서장군에 봉해졌다.

사안謝安
동진의 정치가이자
군사가. 사람들은
그를 사태부, 사안공,
사상, 사공 등으로
불렀다.

부견符堅
십육국 시기
전진前秦의 황제.
재위 초기에는 나라를
잘 다스려 북방을
대부분 통일했다.
그러나 후에 진晉을
정벌하면서 치른
'비수 전투'에서 대패해
다시는 일어나지 못했다.

부융符融
부견의 아우로 왕맹과
함께 부견을 보좌해
북방을 통일했다.
부견이 항상 믿고
의지했다.

도연명陶淵明
이름은 도잠陶潛.
동진 말기와 남송 초기의
시인이자 문학가이다.
전원생활에 관한 시를
주로 지었으며, 「귀원전거
歸園田居」, 「도화원기桃花源記」,
「귀거래사歸去來辭」 등의
작품이 있다.

시대별지도 - 동진 東晉

선비 鮮卑

흉노 匈奴

기란 契丹

오손 烏孫

유연 柔然

선비 鮮卑

토욕혼 吐谷渾

젼진 前秦

장안 長安

팽성 彭城

낙양 洛陽

비수 淝水

건강 建康

무창 武昌

동진 東晉

왕씨와 사마씨가 함께 천하를 다스리다

진나라 때는 명문대가를 '사족土族'이라고 칭했다. 이들 사족은 정치, 경제, 문화 등 각 방면의 특권을 누리며 지방의 절대 권력으로 군림했는데, 어떤 때는 그 세력이 황권을 넘어서기도 했다.

307년, 회제는 낭야왕 사마예를 안동장군에 임명하고 강남을 지키도록 했다. 이때 사마예가 '중부仲父'로 존칭한 왕도가 함께 부임했다.

중부, 내가 아는 강남의 사족이 아무도 없는데 어쩌면 좋겠소?

막강한 외지인도 토박이 세력을 이기기는 어렵습니다. 장군이 만약 사족의 지지를 얻지 못한다면 강남에서 발을 붙일 수 없습니다.

중부가 날 좀 도와 주시오.

고영, 하순은 사족 중에서 명망이 가장 높은 자들이라 이들의 지지를 얻으면 다들 장군을 지지할 것입니다.

제가 한번 그들을 설득해 보겠습니다.

나도 그들을 만나 보려 했지만 상대도 해 주지 않더군요. 배첩*을 보내도 감감무소식이오.

왕도는 그 길로 먼저 고영을 찾아갔다.

고 대인, 명성은 전부터 익히 들어 왔습니다.

허 허~

왕 대인, 별말씀을요.

* 배첩拜帖
과거에 남을 방문할 때 사용한 명함이나 명찰.

강남 고씨 집안에서 인재를 많이 배출했다고 들었습니다.

누구 약 올려?

삼국이 통일된 후 우리 집안은 관직에 나간 적이 없는데 어떻게 인재가 배출되겠습니까?

조정에서 이들을 등용하지 않아 불만이 아주 많구나. 안동장군이 관직을 내린다면 든든한 후원군이 생기겠어.

조정은 줄곧 북방을 중시하고 남방을 경시했습니다. 안동장군이 폐하께 강남 사족을 중용하라고 여러 차례 권했지만 애석하게도 받아들여지지 않았소.

우리 강남 사족의 능력이 북방보다 못하단 말이오!

안동장군은 강남을 다스리라는 명을 받고서 현지인을 많이 등용하고 싶어 하오. 헌데 강남이 처음이라 모든 게 낯설어…

고 대인이 현지의 유능한 인재를 추천해 주십시오.

염려 마십시오. 이 일은 제가 책임지리다.

장군께서 강남 사족을 등용하신다면 고씨 집안은 장군을 적극 지지할 것이라고 전해 주십시오.

감사 합니다!

오늘 고영과 하순을 만나 지원을 약속받았습니다.

정말이오?

물론 강남 사족을 중용한다는 전제조건 하에서요.

그거야 문제없소.

얼마 후 사마예는 고영을 군사로 삼고 산기상시 직을 더해 주었으며 하순은 오국내사에 임명했고 기첨, 주기, 장개 등 강남 명사들도 잇달아 중용하였다.

사마예는 사족의 지지를 얻은 후 마침내 강남에서 입지를 확고히 굳혔다.

북방 사람들이 강남으로 도망쳐와 종일 술로 시름을 달래며 아무 일도 하지 않으려 한다고 들었소.

그들이 의욕을 잃어서 큰일입니다. 나중에 잘 설득해 봐야겠어요.

장군께서도 술을 마시고 대사를 그르치는 일이 빈번한데 이 버릇은 꼭 고치십시오!

중부의 지적이 틀리지 않소. 내 꼭 고치도록 하리다.

반성중-

그대는 진정한 나의 관중이오!

제가 어찌 관중과 비견될 수 있겠습니까!

하루는 왕도가 북방 사람들이 모여 시름을 달래는 정자를 방문했다.

주백인周伯仁!

Hi~

아, 왕 대인! 여긴 어쩐 일이십니까?

남방으로 건너온 북방 사람들이 여기 모여 술을 마신다는 얘길 듣고 한번 찾아왔네.

이 정자는 북방의 것과 비슷하지만 아무리 멀리 바라봐도 장강만 보일 뿐 황하는 보이지 않습니다!

힝~

고향 생각이 간절합니다!

엉 엉 엉

집이 있어도 돌아가지 못하는 신세니······

국난이 눈앞에 닥쳤는데 눈물 몇 방울 흘린다고 적이 달아난단 말이냐!

힘을 더욱 길러서 강산을 수복해야지, 울고만 있어서 되겠느냐!

대인의 말씀이 옳습니다!

왕 대인은 당대의 관중에 부끄럽지 않습니다.

허허, 이놈의 관중 타령은.

316년, 사마예가 강남을 안정시켰을 즈음에 장안에서 급보가 날아왔다.

장군, 큰일 났습니다! 장안이 함락되고 폐하께서 흉노에게 살해 되셨습니다!

뭐!

장군은 유일한 황실 성원이니 강산을 수복할 중임을 맡으셔 야 합니다!

그럼 내가 어찌해 야 하오?

당장 황제에 등극해 흉노를 몰아내고 잃어버린 땅을 되찾으십시오!

와, 드디어 내가 황제가 된다!

흠흠 ......

방~ 방~

황제께서 방금 세상을 떠나셨는데 그렇게 기뻐하면 되겠습니까?

생각이 짧았소.

317년, 사마예는 건강에서 황위에 올랐다.

폐하, 곧 즉위식입니다.

콩글레츄~

137

즉위식에 폐하와 같이 걸어 가는 건 모반죄나 다름없다고.

중부, 저 자리가 너무 넓으니 같이 앉읍시다!

헉!

……

폐하, 저는 여기 이 자리에 있는 게 편합니다!

폐하께서 오늘 왜 저러시지?

혹시 사람들 앞에서 내가 오른팔 이라고 말씀하시 려는 건가?

황제 폐하 만만세!

다들 일어나시오!

중부가 아니었으면 어찌 오늘의 내가 있었겠는가?

그에게 꼭 보답해야 돼.

317년 4월, 사마예가 진 원제 元帝로 등극하면서 동진이 정식으로 건립되었다.

동진 초기의 정치는 거의 왕도가 주도했다. 그래서 당시 사람들은 "왕씨와 사마씨가 함께 천하를 다스린다"고 말했다.

왕돈이 반란을 일으켜 도성을 점령하다

사마예는 왕씨 가문의 지지를 받아 동진을 건립했기 때문에 왕씨를 크게 중용했다. 그중 왕돈은 진동대장군에 임명돼 무창을 지키며 동진의 병권 대부분을 장악했다.

거북이 오래 산다 하나 죽는 때 있고, 이무기 안개 탄다 하나 끝내는 흙이 되네.

딱딱딱

늙은 준마 마구간에 누워 있으나 뜻은 천리에 있고, 열사는 나이 늙었으나 굳센 마음을 버리지 않네.

딱딱

왕 장군 노래 솜씨가 끝내줍니다!

알고 있소.

왕돈이 무례하게 사람들 앞에서 조조의 「보출하문행步出夏門行」을 불렀습니다!

감히!

그가 어떤 노래를 즐겨 부르든 무슨 상관이오?

허 허~

한나라는 조조의 손에 의해 끝장났으니 왕돈의 저의가 심히 의심됩니다.

아─

설마 그가 조조처럼 천자를 끼고 제후를 호령하겠소? 그러면 짐은 끝장 아니오?

밖에는 왕돈이, 안에는 왕도가 있어서 반란이 일어나 내외가 호응하면 조정에는 그들의 적수가 없습니다.

사태가 심각하다고요!

그럼 당장 왕씨의 권력을 약화시켜야 할 것 아닌가! 왕도의 권력이 가장 크니 그부터 손을 대자!

이 소식은 바로 무창에 있는 왕돈의 귀에 들어갔다.

며칠 전 왕도 대인이 사공에 임명됐습니다.

명목만 있는 사공이라니? 이는 우리 왕씨 가문을 몰아내려는 수작이다.

143

폐하께 상소를 올려 왕씨 집안이 절대 만만치 않다는 사실을 알려야겠다!

벌떡

좀 더 숙고 하심이…

황궁

왕돈이 상소를 올려 짐을 위협 하고 있소!

네?

우리 왕씨가 아니었다면 황제에 오를 수 있었을까요? 강을 건넜다고 다리를 끊으면 대가를 치르게 됩니다.

초왕 사마승

중부는 아무 말도 없는데 왕돈이 감히 설치다니!

막강한 군대를 보유한 왕돈이 폐하께 맞선다면 결과를 예측하기 어렵습니다.

그렇다고 이 역적 놈을 놔두란 말이오?

양주자사 주방이 병으로 세상을 떠났답니다.

조정에서 주방이 그나마 왕돈을 견제했는데……

이거 야단 났구먼!

왕돈이 조적의 친구인 유곤을 죽여 두 사람은 원수지간입니다. 조적이 있으면 왕돈이 감히 반란을 일으키기 어렵습니다.

그거 잘됐구려.

참, 양주자사에 누굴 보내실 예정입니까?

상주자사 감탁이오.

그럼 상주자
사는요?

그대가
맡으시오.

무창

초왕께서
부임지로 가는
도중에 무창을 들러
주셔서 몸 둘 바를
모르겠습니다.

대장군의
환대에 너무
감사하오!

그런데 자질이
평범한 초왕께서
어떻게 상주자사
에 임명되셨소?

반초가 일찍이
무딘 칼은 칼날이
날카롭지 않지만 사용
하기 적당해 어떤 물건
도 자를 수 있다고
했소이다!

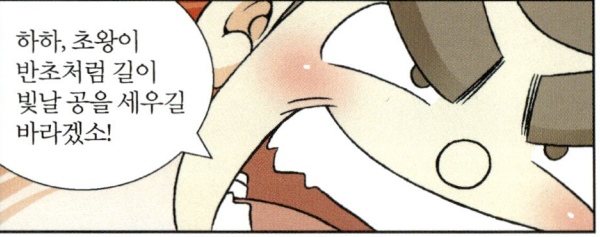

하하, 초왕이
반초처럼 길이
빛날 공을 세우길
바라겠소!

146

상주는 건강 상류에 위치하여 형주·교주·광주에서 도읍으로 가는 요충지에다 지세가 험해 지키기는 쉬워도 공격하기 어렵습니다.

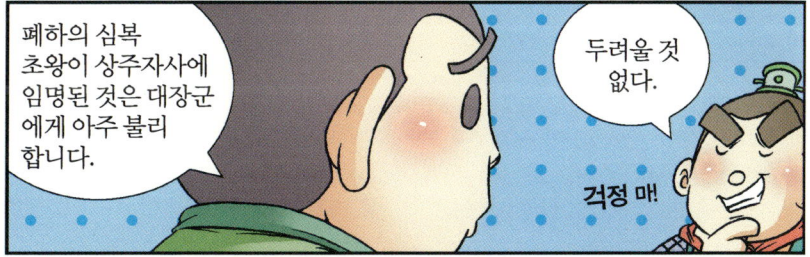

폐하의 심복 초왕이 상주자사에 임명된 것은 대장군에게 아주 불리합니다.

두려울 것 없다.

걱정 매!

술자리에서 그를 비꼬았는데 전혀 눈치채지 못하고 도리어 호언장담을 하더구나. 그런 머저리는 처음 봤다!

기쁜 소식입니다. 예주자사 조적이 병사했답니다.

홍, 결국 죽었구먼.

남방의 주방과 북방의 조적이 가장 두려웠는데 지금은 둘 다 죽었으니 무엇이 두려우랴!

왕도를 복직시키라고 상소를 올렸는데 폐하께서 이를 무시했다. 이런 법이 어디 있단 말이냐!

우리 왕씨가 그를 키웠으니 폐할 수도 있다는 사실을 증명해 보이겠다.

설마 모반을 일으키시려고요?

맞다!

왕돈의 반란 소식이 전해지자 건강의 왕도는 안절부절 못했다.

왕돈이 반란을 일으켜 폐하께서 왕씨 일가를 모두 죽이려 하니 어쩌면 좋단 말이냐?

왕돈이야 통쾌하겠지만 덤터기는 우리가 쓰는구나!

앞이 캄캄—

그럼 빨리 도망 가시죠.

폐하께서 우릴 주시하고 있어서 성문을 채 빠져 나가기도 전에 잡히고 만다.

그럼 궁문에 꿇어 앉아 죄를 빌면 어떨까요?

그 수밖에 없겠구나!

이보게, 백인!

149

우리 왕씨 집안 수백 명의 목숨이 걸렸으니 제발 폐하께 잘 얘기해 주게나!

흑 흑·

그런데 주백인은 그를 거들떠보지 않고 곧장 조정으로 들어갔다.

그대가 중부를 위해 올린 상소는 잘 보았소.

염려 마시오. 중부 일족은 죽이지 않을 테니.

왕 사공 일족이 아직까지 성문 앞에 꿇어앉아 있습니다.

짐이 곧 중부를 만나고 나서 그들 일족을 사면하리다.

조정에서 나온 주백인이 여전히 왕도를 무시하자 전후 사정을 몰랐던 왕도는 그를 매우 원망했다.

좀 서라! 우씨

백인! 백인!

주백인이 목숨이 위태로운 날 보고도 모른 체 하다니! 은혜도 모르는 놈!

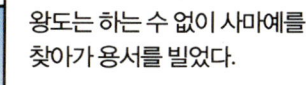

왕도는 하는 수 없이 사마예를 찾아가 용서를 빌었다.

왕돈은 왕씨 일가의 인간말짜 입니다!

신이 폐하는 물론 역대 조상께 죽을죄를 졌습니다!

너무 괴로워 마시오. 이는 중부 탓이 아니니.

중부는 왕돈과 친척이니 그의 약점을 잘 알 것이오.

그래서 짐이 그대를 왕돈 토벌의 선봉 대도독으로 임명하려 하오.

폐하께서 날 살려 둔 건 왕돈을 제거 하기 위해서였구나. 왕돈이 죽으면 왕씨 일가에 큰 재앙이 닥치겠어.

왕도의 소극적인 응전으로 왕돈은 단숨에 건강을 공격해 점령했다. 또한 병사들이 닥치는 대로 재물을 약탈하여 도성은 폐허로 변하고 말았다.

왕도가 기지로
왕돈의 반란을
제압하다

왕돈 수하가 살인과 약
탈을 밥 먹듯 저지르자
사마예는 이를 제지하기
위해 왕돈을 찾아갔다.

그대가 제위를
원한다면 기꺼이
내주겠다! 그러니
도성을 난장판으로
만들지 마라!

너 가져라,
에잇!!

누가
제위를 탐낸다고
그러시오?

뭐?

나라에 몸 바쳐
충성한 동생 왕도가
권력에서 배척당하는
꼴을 두고 볼 수
없어서 거사한
것이오!

153

중부는 그런 원망을 한마디도 하지 않았는데.

그가 그렇게 유약해서 당신에게 괴롭힘을 당한 것이오!

내일 군신들에게 한 명도 빠지지 말고 날 보러 오라고 하시오!

뭐라고?

모두에게 왕씨를 따르면 흥하고 거역하면 망한다는 사실을 확실히 알게 해야 돼.

형님, 이 정도면 됐으니 그만하시지요!

154

내 너를 위해 거사했는데 어찌 이러느냐?

형님 때문에 하마터면 죽을 뻔했다고요!

알지도 못하면서!

황제가 널 죽이려 했다고?

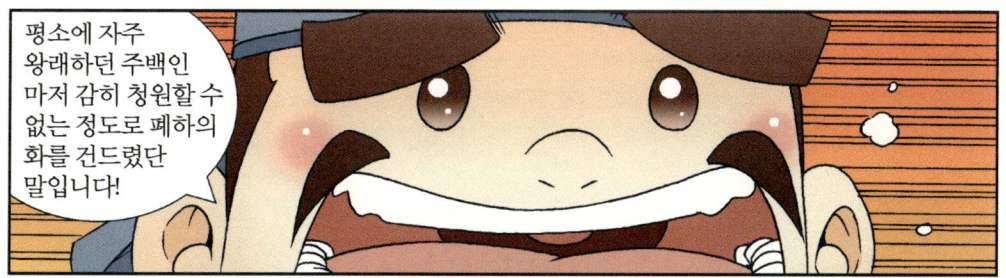

평소에 자주 왕래하던 주백인마저 감히 청원할 수 없는 정도로 폐하의 화를 건드렸단 말입니다!

백인, 네가 감히 왕씨 집안의 기대를 저버리다니!

그대가 반란을 일으켰는데 내 폐하를 제대로 보호하지 못해 그대에게 기군망상*의 오명을 덧씌웠으니 왕씨 집안의 기대를 저버린 셈이군요.

* 기군망상欺君罔上
임금을 속이고 윗사람을 농락함.

155

겁도 없이
감히 어디다 대고
욕을 하느냐!

주백인을
끌어내 참수
하라!

흥!

역적 왕돈이
사직을 무너뜨
리고 충신을
죽이는구나!

주백인은 죽음 앞에서도
자신을 변호하지 않고 형
장의 이슬로 사라졌다.

형님!

왕빈, 왜 우느냐?

비참하게 죽은 주백인을 생각하니 눈물이 멈추지 않습니다.

죽어 마땅한 주백인을 위해 왜 슬퍼한단 말이냐!

형님이 군명을 거역하고 충신을 주살해 반역을 꾀했으니 재앙이 조만간 왕씨 일가에 닥칠 것입니다!

어디서 헛소리냐! 너도 죽고 싶은 게냐?

흥!

왕빈, 빨리 무릎 꿇고 형님께 사죄해라.

제가 다리를 다쳐서요.

씩 씩

그래?
이번에는 아예
목을 못 쓰게
해 주마!

사람 살려!

못된 놈,
거기 서라!

왕돈!

왕함

형님, 무슨
일이십니까?
안색이 왜 그리
어두우세요?

양주자사
감탁이 무창을
점령해 버렸다.

꺼이
꺼이

하하,
근거지를 잃고서
얼마나 더 기고만장
할지 두고
봅시다!

설마요.
양주와 무창
중간에 상주가
있는데요.

바로 초왕
사마승이 편지를
써서 감탁과 도간
에게 구원을 요청
했다고.

광주자사 도간이
북상해 건강으로
쳐들어오는 중
이라 합니다.

이런, 내가
사마승을 너무
앞봤구나!

내가 사마예를
잡고 제후를 호령
하는데 그들이 과연
나에게 맞설 수
있는지 보자!

아버지, 궁 안의 상소문을 왜 집에 가져 오셨어요?

왕돈은 스스로 승상이 되어 무창으로 돌아와 주둔하면서 멀리서 조정을 조종했다.

우리가 곤경에 빠졌을 때 누가 왕씨 집안에 돌을 던졌는지 찾아보는 중이다.

왕돈이 지금 조정 대신을 자기 측근으로 교체하려는 중이니 그들을 잘 가려 내야지.

왕도는 나라를 위해 몸과 마음을 바친 충신입니다. 폐하께서 그를 죽이시면 사람들이 실망해 폐하 곁을 떠나게 되고……

아버지 칭찬이네?

맙소사, 이건 주백인이 올린 상소잖아!

내 손으로 백인을 죽이지 않았지만 따지고 보면 나도 가해자야.

백인, 정말 미안하네!

그대의 진심도 알아채지 못하다니.

백인을 위해 서라도 왕돈을 무너뜨려야 겠어!

백부에게 칼을 겨누시겠단 말씀입니까?

그렇다!

왕돈이 권력을 독점해 신하들이 아무 말 못 하고 있지 만 그가 죽으면 왕씨 일가는 분명 멸족을 당하고 만다.

집안을 보전하려면 반드시 그와 선을 그어야 해.

왕돈과 나는 어려서부터 함께 자란 사이라 혈육의 정과 충의를 놓고 줄곧 갈등했었다.

하 아-

하지만 이제 분명해졌다. 충의를 선택해 왕씨 일가를 보전하는 것이 더 중요하다!

아버지 말씀이 백번 옳습니다!

한편 왕돈의 통제를 받던 사마예는 울분이 병이 돼 322년에 세상을 떠났다. 명제明帝 사마소司馬紹가 제위를 계승한 후 왕돈이 중병에 걸렸다. 그는 자신이 죽은 뒤 가족들이 보복당할까 염려해 다시 반란을 일으켰다.

왕돈 정벌에 신을 보내 주십시오!

경은 지난번에 출정했다가 참담하게 패했는데 또 자원하는 것이오?

신이 군령장*을 쓰고 가겠습니다. 왕돈을 격퇴하지 못하면 군법에 따라 처벌하십시오!

* 군령장軍令狀
군령의 내용을 적어 시행하던 문서.

그렇다면 경을 대도독에 임명할 테니 전군을 통솔하시오!

감사합니다!

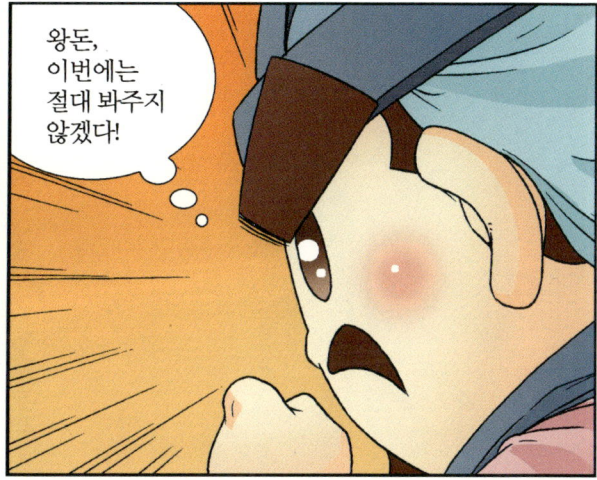

왕돈, 이번에는 절대 봐주지 않겠다!

왕도가 군령장까지 쓰고 날 토벌하러 온다고?

그렇습니다.

이 죽일 놈! 내가 평소에 얼마나 잘해줬는데 내 뒤통수를 치다니!

열 받아!

대장군, 대장군!

커억-

폐하, 조서를 내려 왕돈에게 심한 욕을 퍼부으십시오. 왕돈은 성미가 급하고 화를 잘 내 이를 보면 분명 초주검이 될 것입니다.

욕을?

그런 다음 신이 그가 죽었다며 왕씨 자제를 이끌고 가 추도회를 열면 그는 정말 제 성미를 못 이기고 죽고 말 것입니다.

왕도의 말대로 왕돈은 정말 화를 못 이겨 죽고 말았다. 이렇게 동진 역사상 최대의 반란이 쉽게 평정되었다.

왕도의 활약으로 왕씨 일가는 반란에 연루되지 않았을 뿐 아니라 높은 벼슬과 후한 상을 받았다.

좋소, 당장 조서를 쓰겠소.

붓글씨의 달인, 왕희지

동진 초기에 승상 왕도를 대표로 하는 왕씨 일가가 권력을 장악하자 많은 관리와 귀족들이 자신의 지위를 공고히 하려고 그들에게 빌붙었다.

왕씨 자제들이 하나같이 비범하다기에 제 여식과 혼사를 논의할까 합니다.

눈치 빠르시긴.

일없이 찾아왔을 리는 만무하고, 치감 태위는 무슨 일로 오셨소?

왕돈이 죽은 후 집안에 더 이상 군대를 보유한 자가 없어. 치감과 사돈을 맺으면 병권을 쥘 수 있단 말이지.

태위와 혼인을 맺을 수 있다면 우리 집안의 복이지요.

과찬이십니다!

내 곧 상투를 틀지 않은 남자들을 동쪽 곁채에 불러 모을 테니 골라 보시오.

감사합니다.

치 태위의 딸이 천하의 절색이래.

치 태위를 장인으로 두면 탄탄대로가 보장된다고!

왕희지, 그만 좀 먹어. 빨리 입 닦고 옷 갈아입으라고!

되게 시끄럽네. 먹을 땐 건드리지 말라고.

다 널 위해서 하는 소린 거 몰라?

덜컹~

초 긴 장

앗!

빵을 먹는 공자의 용모가 비범한 게 딱 광명정대한 군자상이야. 딸애가 시집가도 힘든 일을 겪지 않겠어.

냠 냠~

공자는 이름이 어떻게 되나?

왕희지 예요.

나??

이제부터 내 딸을 잘 돌봐 주게나.

네?!

왕희지를 선택하다니!

맙소사!

치감은 왕희지를 보고 첫눈에 반해 그를 사위로 삼았다.

태위의 안목이 정말 높구려. 희지는 장래가 촉망되는 아이요.

내 눈은 정확해!

168

붓글씨를 워낙 잘 써서 유명한 서예가인 위 부인도 입이 마르게 칭찬했소.

이번 사위 선발은 정말 재밌었습니다. 동쪽 곁채의 동쪽 침상에서 그를 딱 골랐지 뭡니까?

하하, 그럼 희지는 '동상쾌서*'라 부를 만하겠군요!

훗날 사람들은 사위를 좋게 이를 때 '동상쾌서'라고 불렀다.

왕희지는 뛰어난 서예가로 이름을 날리며 벼슬길도 탄탄대로를 달렸다.

당신은 왜 거위를 유독 좋아하세요?

* **동상쾌서**東床快壻
동쪽 침상에서 얻은 훌륭한 사위라는 뜻.

거위가 물을 쪼는 자세와 붓을 잡고 글씨를 쓰는 자세가 매우 닮았소. 나는 글씨 쓰는 걸 좋아하여 거위도 좋아하는 것이오.

회계의 어떤 노부인이 울음소리가 매우 아름다운 거위를 기른다고 들었소.

그럼 우리 같이 회계에 한번 가 봐요.

이해해 줘서 고맙구려. 친구에게 먼저 연락을 해 두겠소.

회계

우리가 잘못 온 건 아니겠죠? 왜 거위가 한 마리도 안 보일까요?

휑~

170

아이고, 왕 대인 오셨군요!

할머니, 안녕하세요!

할머니 댁 거위는 어디 있나요?

집 안에 있으니 얼른 들어오세요.

짜 잔~

방금 잡은 거위 고기니 식기 전에 드세요.

거위 고기요?

그럼 할머니가 기르시던 거위를 잡은 건가요?!

맞아요.

대인 친구 분이 며칠 전 찾아오셔서 대인이 저희 집 거위를 특히 좋아한다고 하시더군요.

이 거위는 어려서부터 밖에서 길러서 육질이 아주 쫄깃쫄깃합니다.

이 맛을 보러 오신 것 맞죠?

아, 내가 몹쓸 짓을 했구나!

휴……

종일 한숨만 쉬고 계신 거 아세요?

기분 좋게 거위를 보러 갔다가 접시에 나온 고기를 보고 마음이 너무 아파서 그러오!

172

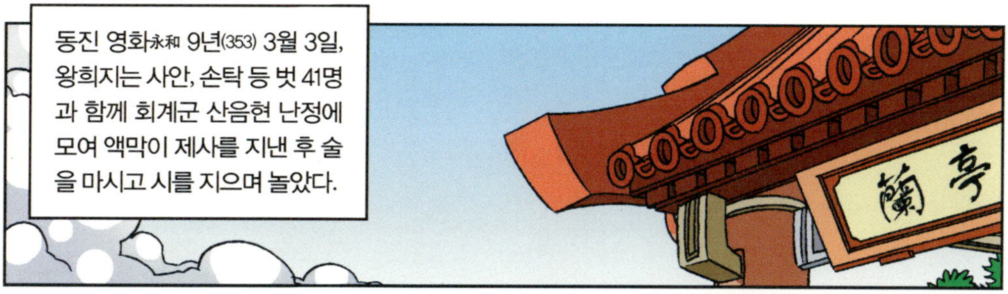

동진 영화永和 9년(353) 3월 3일, 왕희지는 사안, 손탁 등 벗 41명 과 함께 회계군 산음현 난정에 모여 액막이 제사를 지낸 후 술 을 마시고 시를 지으며 놀았다.

우리 유상곡수 놀이나 즐깁시다!

좋소!

술로 가득 채운 잔을 연잎 위에 놓고

툭-

연잎이 자기 앞으로 오면 술잔을 다 비운 뒤 시를 읊는 겁니다!

앗!

앗, 왕 대인 쪽으로 갔소!

잔을 비우고 시를 읊으시오!

계절 변화는 끊임이 없어 어느덧 한 해가 돌아왔네. 기쁘게 이 봄을 맞으니 따사로운 봄바람은 부드럽구나.

정말 멋진 시요!

짝짝짝

유온, 이제 자네 차례네.

고개 들어 빈 배로 처신해야 함을 생각하고 고개 숙여 세상에 손님이 왔음을 탄식하네. 아침에 꽃이 피어 즐겁게 노니다가 저녁에 죽는다 해도 자연의 이치에 따른 것.

오늘 벗들이 지은 훌륭한 시를 『난정집』으로 엮어야겠어.

이후 왕희지는 각 사람의 시문을 모아 책으로 엮고 서문 한 편을 썼다. 그 서문이 바로 유명한 「난정집서蘭亭集序」이다.

송나라 서예가 미불*은 「난정집서」를 '중국 최고의 행서行書'라고 칭송했다. 왕희지는 이로 인해 후세에 '서성書聖'으로 추앙받았다.

*미불米芾
서예와 그림에 조예가 깊었다. 송의 '4대가'로 불리며, 왕희지의 서풍을 이었다.

전진을 부국강병으로 이끈 왕맹

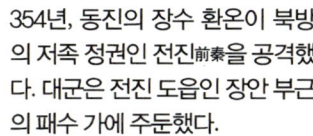

354년, 동진의 장수 환온이 북방의 저족 정권인 전진前秦을 공격했다. 대군은 전진 도읍인 장안 부근의 패수 가에 주둔했다.

놔라, 난 꼭 환온 장군을 뵈어야 한다!

안 돼!

무슨 일인데 이리 소란스러우냐?

이 더러운 놈이 군영으로 난입해서 장군님을 뵙겠다고 난리를 쳐서요.

신 왕맹, 장군께 인사 올립니다!

너덜

너덜

177

옷차림은 남루한데 기개가 넘치는 걸 보니 유능한 인재일지도 몰라.

선생, 안으로 드시지요.

감사합니다!

다들 서진의 멸망 원인이 황실 내란에 있고, 황실 내란은 가씨가 정권을 어지럽혔기 때문이라고 말하는데 모두 헛소리입니다.

그럼 선생의 견해는 이와 다른가요?

서진 멸망의 근본 원인은 법도가 느슨하여 황실 대권이 남의 손에 넘어갔기 때문입니다.

긁적

선생의 식견이 정말 대단하구려. 한 가지 물어보고 싶은 문제가 있는데……

말씀해 보세요. 귀찮아 죽겠네!

뻑 뻑

제가 인재를 모집해 함께 장안을 공격하려 했습니다. 그런데 몇 달이 지나도 한 명도 찾아오지 않는 건 왜입니까?

제가… 짜증이 납니까?

아핫, 오해하지 마십시오. 몸에 이가 많아서요.

장군의 병력은 적보다 세 배나 많아 장안 점령이 식은 죽 먹기인데도 전혀 군대를 움직이지 않고 있습니다.

잡았다.

이는 장군이 장안을 수복할 의사가 전혀 없음을 뜻하지요.

장군을 따라 봐야 공을 세우지 못하는데 누가 찾아 오겠습니까?

틱틱

이번 북벌이 단지 병권을 빼앗기지 않으려는 데 있다는 걸 저자가 어떻게 알아챘지?

아오, 간지러.

선생의 재능에 탄복했습니다. 여기 남아서 저를 도와주십시오!

아닙니다. 장군의 호의만 감사히 받겠습니다!

속셈이 음흉하여 제위를 호시탐탐 노리는 환온을 따랐다간 조만간 재앙이 닥치고 말지.

왕맹은 환온의 요청을 거절하고 얼마 후 전진의 동해왕 부견을 만났다. 이들은 만나자마자 의기투합해 막역지교를 맺었다.

357년, 부견이 정변을 일으켜 황제 자리에 올랐으며 왕맹은 시평현의 현령으로 파견되었다.

부녀자를 강탈하고 살인과 방화를 저지른 죄 인정하느냐?

흥!

그게 나랑 무슨 상관이냐!

흥, 내 아버지가 누군지 모르는 모양이구나.

부풍군 태수시다. 바로 당신 직속상관이라고!

주둥이 함부로 놀리지 못하도록 저놈을 매우 쳐라!

가까이 오지 말라고, 내가 잘못했다니까.

왕맹은 백성을 괴롭히던 관료와 지주를 엄벌에 처하고 명단을 방에 붙였다.

새로 부임한 현령이 나쁜 놈들을 모조리 처단했어. 정말 대쪽 같은 분이셔.

그 대상이 전부 권세가들이라 앞날이 걱정되긴 하네……

터벅

터벅

앗, 새로 오신 현령님이잖아!

이런, 고관 귀족의 노여움을 산 게 확실해.

182

부견의 황궁

부풍군 보고입니다. 왕맹이 고문으로 자백을 강요하고 거짓 증거로 사람을 체포하여 정위에 이송돼 재판 중이라고 합니다.

왕맹은 그럴 사람이 아냐. 누군가 그에게 죄를 뒤집어씌우고 모함하고 있어.

왕맹의 문건을 가져와라. 짐이 친히 이 사건을 처리하겠다!

예!

延尉署

정치란 도덕으로 백성을 감화하는 것이 우선인데, 그대는 죄인을 잔혹하게 다루고 무거운 형량을 내렸다!

폐하마저...

183

신이 포악한 자를 다 없애지 않고 법을 어긴 자를 엄단하지 않아서 폐하께서 저를 벌하신다면 달게 받겠습니다!

그러나 신이 가혹한 처벌을 내렸다고 나무라신다면 승복하기 어렵습니다!

안정된 나라를 다스릴 때는 예로써, 혼란스런 나라를 다스릴 때는 법으로 해야만 합니다!

지금 나라가 불안하다는 말이냐?

악질 토호가 횡행하고 관리가 부패하여 백성이 살아갈 길이 없는데 안정됐다고 할 수 있겠습니까?

그대의 진심을 짐이 오해했구나!

그대를 중용할 테니 법률을 개혁해 조정에 기식한 해충을 모조리 제거하라!

명에 따르겠습니다!

너는 한족 주제에 뭘 믿고 우리 저족 조정을 휘젓고 다니느냐!

흥분 하셨네~

나 번세와 중신들이 목숨을 걸고 싸워서 세운 이 진나라에서

너는 아무 공로도 없으면서 공짜 밥을 먹겠다는 심산이냐?

그래, 난 공짜 밥을 먹고 있다. 그것도 당신이 해 준 밥을!

어쩔래?

우 씨-

네 목을 베어 장안성 위에 걸지 못하면 내가 네 아들이다!

그럴 능력이나 될까?

헤 헷~

여기서 뭣들 하는 거냐?

폐하!

체통 없이 궁문 앞에서 싸움질이라니!

부견은 호통을 치고 왕맹에게 자초지종을 물었다.

번세 이 늙은이가 권세만 믿고 그대를 괴롭혔구나!

법을 공정 하게 집행했 다는 것이 이유 입니다.

노신들은 자신의 공을 믿고 뇌물을 받거나 법을 어기고 있습니다.

186

짐이 번세부터 일벌 백계로 다스리겠다!

이에 부견은 왕맹과 번세를 제거할 계획을 꾸몄다.

짐이 양벽을 사위 삼기로 결정했다.

폐하 짱!

네엣?!

양벽은 제 사위로 결정 되지 않았 습니까!

감히 황제의 사위를 빼앗으려 하다니. 무례하기 짝이 없구려!

이건 분명 네놈의 잔꾀가 틀림없다!

죽일 놈, 오늘 네놈을 꼭 절단 내고 말겠다!

폐하, 살려 주십시오!

신이 나라를 어지럽히는 저 놈을 꼭 없애겠 습니다!

번세, 짐 앞에서 무엄하다!

숨지 말고 나와라!

여봐라, 당장 번세를 끌어내 참수하라!

헉!

폐하, 목숨만 살려 주십시오!

왕맹은 부견의 든든한 지원을 받아 전진의 법률, 교육 등에서 일대 개혁을 단행해 나라를 부강하게 만들었다.

전진 백성들은 그를 동진의 명신 사안과 비교하며 "관중의 어진 재상은 오로지 왕맹이요, 천하 백성은 사안을 바라네"라고 칭송했다.

188

굴욕을 참으며 재기를 노린 사안

진군 지방의 사씨 집안은 강남으로 건너온 명문 세가로 많은 인재를 배출했다. 그중 가장 유명한 이는 진晉 간문제簡文帝 때의 사안이다.

사안은 재능이 뛰어나고 명성이 널리 퍼져 일찍이 양주자사 유빙의 막료를 지냈다.

사안, 왜 벼슬을 버리고 낙향하는 거야?

조정에 간신이 득세해서 재능을 펼칠 공간이 없으니 돌아가는 수밖에!

함부로 그런 말 말게. 만일 폐하 귀에라도 들어가면……

뭐가 두렵나?

189

폐하는 기껏해야 날 평생 관리로 등용 안 하기밖에 더 하겠는가!

철썩~

철썩

으악, 배가 뒤집힌다!

살려줘!

사람 살려!

다들 당황하지 마십시오!

몸을 낮추고 배를 꽉 잡으십시오. 풍랑은 곧 잠잠해질 겁니다.

끙...

위기 상황에서도 침착하고 대범한 사안 덕분에 다들 살았구나.

역시!

동산

당신 형제들은 다 고관을 지내는데 당신은 왜 여기서 농사 짓는 데 만족 하세요?

너무 서두르지 마시오. 내 몇 년 안에 꼭 벼슬을 하리다!

네?

최근에 낭장으로 승진한 아우 사만은 지나치게 술을 좋아 해 조만간 전쟁에서 패할 것이오.

그것과 당신이 벼슬하는 게 무슨 상관이죠?

관계가 깊소.

그것도 아주 많이~

사씨 집안 관료가 아주 많아서 조정에 일정한 세력을 형성했는데

만일 사만이 문제를 일으키면 어떤 권신에게 공격 당할 꼬투리를 제공하게 되오.

십중팔구 그 권신은 정서대장군 환온이지요?

대단하구려!

환온은 전부터 사씨 집안을 눈꼴사나워해 그 기회를 절대 놓칠 리 없소.

한참 걸었으니 잠시 쉬었다 갑시다.

환온은 세상을 떠난 내 형 사혁과 형제나 다름 없었는데……

환온은 옛정에 얽매이는 사람이라 사씨 세력을 제거하고 난 뒤에 양심의 가책을 느낄 것이오.

그럴 리가요? 환온은 무자비한 사람이라고 하던데요.

하하, 환온은 공처가로 소문난 사람이오!

부인도 무서워하는 자가 어찌 무자비할 수 있겠소?

호호 ……

보상으로 틀림없이 날 등용할 테니 두고 보시오.

사씨 집안에 인재도 많은데 꼭 당신을 등용할까요?

부인, 내가 천하 제일의 명사란 사실을 잊었소? 환온이 날 청하지 않는다면 스스로 안목이 없음을 증명하는 것이나 다름없소!

난 당신이 아주 고상한 사람인 줄 알았는데, 지금 보니……

무슨?

날이 어두워졌어요. 그만 돌아가요.

난 아직 다 쉬지도 못했소.

쉴 시간이 어디 있어요? 산을 나가 벼슬할 생각을 해야지.

사씨 집안을 보전하려면 내 뜻을 굽히고 관직에 나아가는 길뿐이오.

이런, 지금 날 놀린 게요? 하하하

호호호

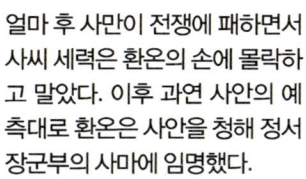

얼마 후 사만이 전쟁에 패하면서 사씨 세력은 환온의 손에 몰락하고 말았다. 이후 과연 사안의 예측대로 환온은 사안을 청해 정서 장군부의 사마에 임명했다.

사안이 오랜 기간 은거했기 때문에 훗날 사람들은 실패한 사람이 다시 관직에 나가는 것을 '동산재기東山再起'라고 불렀다.

환 장군님, 분부하신 소초小草를 사 왔습니다.

소초라고?

이건 소초가 아니라 원지遠志다!

원지를 소초라 부르기도 합니다.

학륭, 왜 이 약초는 이름이 두 개요?

산의 돌 밑에 숨어 있는 것을 원지라 하고, 돌 위에 자란 것을 소초라 합니다.

195

하하, 그대의 해석이 더 절묘하구려!

하하

...

학륭은 내가 은거할 때 천하에 이름을 떨쳐 원지라 부를 만했지만

산을 나온 지금은 보잘것 없는 사마에 있다고 소초라고 비웃은 거야.

학륭이 입은 거칠지만 사람됨은 괜찮으니 똑같이 응수하지 말자.

원지에 이런 깊은 뜻이 있었군요. 한 수 배웠습니다.

한 수 배우기 까지야.

그를 놀릴 생각이었는데 뜻밖에 아무 반응도 없다니……

재미없게시리~

학룡 어른, 바닥에 누워서 뭐 하십니까?

배 속에 있는 성현의 책들을 말리는 중일세.

배 속에 책이 있다고요?!

내가 책을 너무 많이 읽어서 서가에 다 꽂지 못해 일부를 배 속에 넣어 두었네.

참, 자네는 배 속이 텅텅 비어서 말릴 필요가 없지?

197

이번에는 내가 책을 많이 읽지 않았다고 놀리고 있어.

가문이 세력을 잃은 마당에 한 번 더 참자.

학룡 어른의 박학다식에 놀랐을 따름입니다!

그… 그래?!

진의 황궁

조정에 시중 직이 비었는데 적합한 인물을 추천해 보시오.

사안을 추천합니다.

사안
이라고?

진
간
문
제

안 됩니다.
벼슬에 뜻이 없는
사안을 억지로 앉힐
수는 없습니다!

그대도 참 소식이
깜깜하구려. 사만이
쫓겨난 후 사안은
산을 나와 관리가
되었소.

난 왜 그
소식을 전혀 듣지
못했지?

사안이 환온
밑에서 일하는데
관직이 미천해
아는 사람이
없을 뿐이오.

환온이 병권을 쥔
데다가 사안이 계책을
내어 돕는다면 반란이
일어나는 건 시간
문제입니다.

쉿, 소리 낮추시오. 이 말이 환온 귀에 들어가면 큰일 납니다.

사안이 환온의 심복이라면 골치 아픈 일이 벌어질 테니 환온과 관계 없는 사람을 추천하시오!

사안은 환온 쪽에서도 배척을 받는 터라 절대 환온의 심복일 리 없습니다!

좋소. 그럼 사안을 시중에 임명하겠소!

이로써 사안은 미관말직에서 삼품 벼슬인 시중으로 고속 승진했고 자신의 능력을 맘껏 발휘해 순식간에 동진의 대들보로 성장했다.

부견이 백만 대군을 이끌고 동진을 침공하다

378년, 전진 황제 부견이 군대를 파견해 동진을 공격했다. 동진의 양양도호 이백호가 전진과 내통해 안팎으로 호응하자 양양성은 쉽게 함락되었다.

폐하, 양양성을 지키던 양주자사 주서를 포로로 잡았습니다.

내 목을 자르든 삶아 죽이든 마음대로 해라!

짐은 군주에게 충성하는 장수를 존경하는 터라 그대를 죽이지 않을 것이오.

부견

201

그뿐 아니라 그대를 탁지 상서에 임명하리다.

넷?

패군 장수가 돌아가 봐야 욕만 먹을 테니 차라리 여기에 남자.

살려 주신 은혜에 감사드립니다. 신이 한 몸 바쳐 충성을 다하겠습니다!

하하, 기대하리다!

383년, 부견은 동진을 정벌하여 천하통일을 이루고자 결심했다.

짐은 친히 군대를 이끌고 동진을 멸할 생각이오!

202

동진은 상하가 화목하고 내외가 한마음으로 뭉쳐 정벌하기 어렵다고 사료됩니다!

권익

권 대인의 말이 옳습니다. 천험의 장강 요새를 공략하기란 말처럼 쉽지 않습니다!

석월

암요, 암요~

시끄럽소! 이런 겁쟁이들 같으니라고!

아군의 기세면 장강의 흐름도 끊을 수 있는데 천험의 요새가 뭐가 대수겠소!

대신들이 반대하자 부견은 다음날 가장 신임하는 동생 부융을 불러 물었다.

부융, 너는 짐의 동진 정벌을 어떻게 하느냐?

폐하,
동진을 멸하기란
절대 불가능
합니다.

진 정벌의 세 가지
난제를 꼽자면, 첫째
날씨가 좋지 않고, 둘째
진나라 내부의 결속력이
강하며, 셋째 아군이 해마다
전쟁을 치러 피로가
극에 달했습니다.

또 같은
소리!!

왕맹 대인도 죽기
전에 진나라가 비록
동남쪽에 치우쳐 있지만
정통성을 가지고 있다고
했습니다. 정벌에 나서면
필패는 불을 보듯
뻔합니다.

그때는
그때고 지금은
지금이다.
왕맹의 말은
8년 전 얘긴데
지금 형세는 크게
달라졌어!

다시 한 번
숙고하심이
……

네가 뭐라고
해도 짐의 결심을
막을 수 없다!

부견이 신하들의 간언을 무시하고 남정에 나서자 동진 조정은 불안에 벌벌 떨었다.

전진의 부견이 대군을 거느리고 쳐들어오는데 어찌 하면 좋겠소?

적군은 백만인데 아군은 십만도 안 되니 중과부적* 입니다.

겁쟁이!

부견의 백만 대군은 전혀 두려울 것이 없습니다!

사안, 무슨 좋은 방법이라도 있소?

화 색~

* 중과부적衆寡不敵
적은 수효로 많은 수효를 대적하지 못함.

적군이 병력은 많지만 모두 오합지졸인 데다 항복한 장수가 많아 서로 불화가 심합니다.

오호~

장강이란 천험의 요새를 가진 우리가 회남과 형주 두 관문만 확실히 지키면 적이 쳐들어오기 어렵습니다.

부견의 주공격 방향은 회남입니다. 우리가 적의 주력부대만 격퇴하면 나라를 온전히 지킬 수 있습니다.

진 효무제(孝武帝)는 사석(謝石)을 정토대도독에 임명해 군사 8만을 이끌고 즉시 회남으로 가 적군을 막게 했다. 이때 부견의 선봉대는 이미 회하를 건너 회남의 요충지인 협석으로 진격했다.

秦

秦

폐하, 이건 아군이 탈취한 적의 서신입니다.

협석을 지키는 호빈이 사석에게 구원을 요청하는 편지구나!

전진의 군사가 너무 많은데 아군은 군량이 부족하여 버티기 어려우니 ......

전 병력을 동원하여 협석을 공격하면 빼앗을 수 있겠어.

협석은 회남으로 갈 때 꼭 거쳐야 하는 길목이라 지키기는 쉬워도 공략하기 어려우니 힘든 싸움이 될 것입니다.

207

따라서 사석에게 사람을 보내 투항을 권하면 병졸 하나 쓰지 않고 협석을 점령할 수 있습니다!

주서, 그대는 진의 항장이니 사석에게 투항을 권유해 보시오.

신 분골 쇄신하여 임무를 다하겠습니다!

나 때문에 진나라가 망한다면 나는 천고의 죄인이 된다. 안 돼, 절대 그럴 수는 없어!

사석의 군영

배신자가 무슨 낯으로 날 보러 왔느냐!

진정을 좀...

사 도독, 제 말 좀 들어 보십시오.

지난번 양양성이 함락 됐을 때 어쩔 수 없이 항복해

계속 도망치려 했지만 기회가 없었습니다.

헛소리 집어치워라! 전진이 왜 널 이리로 보냈 느냐?

부견이 절 보내 투항을 권하라고 ......

뭐?

하지만 절대 투항하지 마십시오.

부견을 위해 날 설득 하러 온 것이 아니냐?

진정?

제게 적을 격퇴할 좋은 생각이 있습니다.

전진의 백만 대군과 정면대결을 펼치면 절대 승산이 없습니다.

전진의 병력이 집중되지 않았을 때를 노려 기습을 가해야만 승리할 기회가 생깁니다.

전진의 선봉대는 십여 만에 불과하니 속히 출병하면 그들을 궤멸할 수 있습니다!

좋은 계책 고맙네!

그럼 이곳에 남아 날 돕는 게 어떻겠나?

안 됩니다. 제가 돌아가지 않으면 부견이 의심을 품습니다.

저는 적진으로 돌아가 군사 상황을 염탐하겠습니다.

제가 부견에게 도독이 투항을 고려하고 있다고 말하면 전진은 필시 사기가 느슨해질 테니 그때를 노려 공격하십시오!

그날 밤 사석은 사현을 불러 주서의 계책을 들려준 후 대책을 논의했다.

사현謝玄, 주서의 계책을 받아들여야 할까?

훌륭한 계책입니다. 우리는 당장 속전속결에 나서야 합니다!

만약 실패하면 전군이 몰살당할 텐데······

머뭇거리다간 기회가 날아갑니다. 전진의 대군이 압박해 오면 그때는 정말 끝장입니다.

하지만······

뭘 주저하십니까? 빨리 출병합시다!

좋다! 유뢰지는 당장 정예병 5천을 거느리고 전진을 기습하라!

유뢰지가 적군을 대파하고 적의 주장과 부장을 죽이는 전과를 거두었다!

주장이 매번 이렇게 주저하시면 어떡합니까!

아군의 사기가 충천하고 적군은 사기가 꺾였으니 승세를 타 적을 추격합시다!

그건……

알겠다. 당장 팔공산으로 출격해 전진과 결사전을 벌이자!

동진 군대는 속히 비수 동쪽의 팔공산으로 진격하여 전진과 강을 사이에 두고 대치했다. 이로써 비수 대전의 막이 올랐다.

백만 대군을 이긴 비수 대전

주서, 사석이 투항을 고려한다고 말하지 않았소? 그런데 왜 군대를 보내 우릴 공격한단 말이오?

사석, 그 사기꾼이 절 속였습니다!

그대는 진의 항장이었으니, 혹시 적과······

현명하게 판단해 주십시오.

맞아, 그대의 담력이 그렇게 클 리가 없지. 나가 보시오!

감사합니다.

휴우···

비수淝水

맞은편에 자리한 동진의 군대가 한눈에 훤히 보입니다.

부융, 진나라 군대가 8만뿐이라던데 진짠지 가짠지 모르겠어.

기율이 엄격하고 사기도 매우 높아 보인단 말이야.

휙휙~

앗!

왜 그러
십니까?

가만,
팔공산 초목이
흔들리는데…
적이 매복해
있는 것 같아!

동진의 군사가
오늘처럼 많아
보이면 상대하기
까다롭겠어.

우리 군사가 모두 도착하면 두려울 게 없습니다.

급선무는 진지 수비를 강화하여 적군이 강을 건너 공격할 수 없게 만드는 것입니다.

좋다. 당장 군사를 비수 가에 포진시켜 진지를 수호하라!

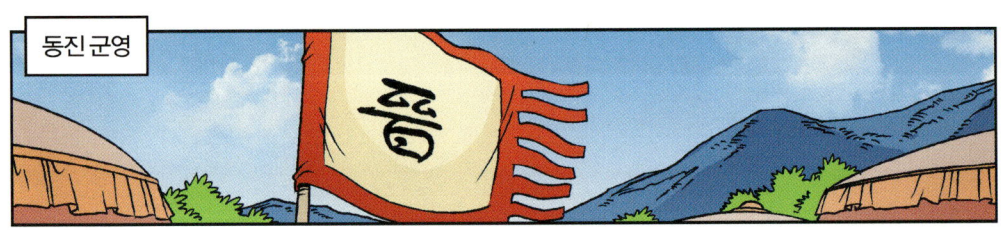

동진 군영

적군이 비수 맞은편 기슭에 밀집 포진돼 있어서 강을 건널 방법이 없어.

시간이 지체되면 형세가 우리에게 불리할 텐데……

부견은 성질이 조급하니 그의 화를 돋우는 편지를 보내면 어떨까요?

216

동진에서 편지를 보내 왔습니다.

그대는 강한 군사력만 믿고 속전속결을 펼치려 한다!

뭣이래!?

배짱 있으면 군사를 뒤로 물려 공간을 비운 뒤 최후의 일전을 벌여 보자!

탁!

싸우자면 누가 겁날 줄 아느냐!

장수를 격분시키는 적의 계책에 넘어가서는 안 됩니다!

앗, 그렇구나! 그대가 아니었음 큰일 날 뻔했소!

아차차—

적의 계략을 역이용해 거짓으로 군사를 물리는 겁니다.

그리고 적이 강을 반쯤 건넜을 때 군사를 돌려 공격하면 적은 손쓸 틈이 없습니다.

좋은 계책이오.

부견이 결전에 응하자 사석은 크게 기뻐했다.

부견이 과연 계략에 걸렸구나!

잠깐만…

218

부견이 호쾌히 응낙한 게 마음에 걸립니다.

만약 우리가 강을 건너는 도중에 기습을 당하면 끝장입니다.

걱정하지 마라.

아군이 강을 건널 때 기습을 만나면 선발대만 잃으면 된다.

하지만 부견은 아군을 몰살하려고 적어도 절반이 강을 건넜을 때 기습을 감행할 것이다.

아, 거기 까지는 생각을 못 했습니다.

허 허~

전진은 군사가 많아 후퇴할 때 진영이 크게 어지러워지니

상륙한 절반의 군대가 즉각 공격을 가하면 저들은 자중지란*에 빠지고 말겠군요.

확실한 승리를 위해 작전 계획을 주서에게 알리고 우리와 호응하도록 하겠습니다!

* 자중지란自中之亂
같은 편 사이에서 일어나는 싸움이나 난리.

부견은 자신의 군대를 물려 상대를 유인한 뒤 동진군 절반이 강을 건넜을 때 공격할 생각을 하고 있었다.

전진 군대가 철수합니다.

모두 강 건널 준비를 해라!

흥, 얼른 와라.

전원 후퇴하라!

후퇴요?
제가 잘못 들은
건 아니죠?

빨리
후퇴하지
못할까!

그런데 부견의 작전이 전군에
제대로 전달되지 않아 병사들
은 어리둥절해했다.

왜
후퇴하지?

싸우지도
않았는데 우리가
진 건가?

아군이
패했다. 빨리
달아나라!

와~

이에 주서까지 진영을 돌아다니며 졌다고
외치자 군대를 돌리기란 쉽지 않았다.

부견도 화살에 맞아 부상을 입은 채 겨우 목숨을 부지해 장안으로 돌아왔다.

부용, 내가 널 죽였구나!

어흐흑-

큰일 났습니다. 적빈과 모용수가 반란을 일으켰습니다!

뭐라고?

동진을 멸하기는커녕 외려 내부에서 반란이 일어나다니!

동진은 비수 대전의 승리를 틈타 서남방의 촉한과 황하 이남의 넓은 영토를 수복했다.

마지못해 전진에 신하로 굴복한 각 부족 장수들이 잇달아 기병해 부견을 공격했다. 이로써 북방은 또 한 차례 대혼란에 빠지고 말았다.

위대한 전원시인, 도연명

유명한 전원시인 도연명은 어려서부터 할아버지 도간처럼 큰 업적을 이루고 싶어 했다. 그러나 가세가 몰락하여 조정의 부름을 받지 못하고 겨우 팽택의 현령으로 부임했다.

엉엉……

여보, 무슨 일이에요?

집에서 편지가 왔는데 여동생이 죽었다는구려.

여동생 집은 무창인데 내가 관직에 있는 몸이라 문상을 갈 수도 없으니.

당신도 어쩔 수 없는 상황이잖아요.

아, 이 관복이 큰 감옥처럼 날 팽택에 가둬 놓고 있소!

지금 관직이 썩어 빠져 나도 승진할 가망이 없으니 사직하고 귀향하는 게 낫겠어!

너무 흥분하지 마세요.

사흘 후 군에서 독우를 파견해 현의 업무 상황을 순찰한다고 합니다.

그럼 공문과 장부들을 정리해서 독우에게 검열 받도록 하게.

관례에 따라 현령이 직접 역참으로 나가 독우를 영접해야 합니다.

무슨 절차가 이리도 복잡한가?

독우가 직위는 낮지만 홀대할 수 없는 자리입니다.

전임 현령도 독우를 푸대접했다가 파면되었습니다.

226

내가 부임한 지 석 달도 안 됐는데 무슨 잘못을 찾아 낸단 말인가?

그런 말씀 마십시오. 맘만 먹으면 뭔들 못 하겠습니까!

흥, 내 절대 그런 인간에게 고개를 숙이지 않겠다!

도연명은 관직에 오른 지 80일 만에 자리를 박차고 나왔다.

별것 아닌 일로 꼭 관직을 버려야 겠어요?

비열한 소인에게 억지웃음을 짓는 짓은 절대 할 수 없으니

차라리 관직을 버리고 여동생 문상이나 가리다!

하지만 현령 한 달 봉록이 쌀 다섯 말인데……

세상을 살면서 가장 중요한 것이 절개인데 어찌 쌀 다섯 말 때문에 허리를 굽히겠소!

휴, 살림을 하지 않는 사람은 모른 다니까……

227

405년, 도연명은 여동생 제사를 마치고 고향 심양으로 돌아와 세속과의 인연을 끊고 전원 생활의 즐거움을 노래한 천고의 명문 「귀거래사歸去來辭」를 썼다.

귀거래사 歸去來辭

归去来兮！田园将芜胡不归？既自以心为形役，奚惆怅而独悲。
悟已往之不谏，知来者之可追。实迷途其未远，觉今是而昨非。
舟遥遥以轻飏，风飘飘而吹衣。问征夫以前路，恨晨光之熹微。

돌아가리라
전원이 황폐해지려 하는데 어찌 아니 돌아가리
이미 스스로 형역에 얽매였거늘
어찌 슬퍼하여 서러워만 할 것인가
지난 일은 탓해야 소용없음을 알았고
다가올 일을 좇을 수 있음을 알았으며
실로 길이 어긋났으나 멀어진 것이 아니니
지금이 바르고 지난날이 틀렸음을 깨달았노라
배가 흔들흔들 가볍게 흔들리고
바람 가벼이 불어 옷깃을 날리네
지나가는 이에게 남은 길 물어보며
새벽빛이 희미한 것을 한스러워하네

... 중략 ...

已矣乎！寓形宇内复几时，曷不委心任去留？胡为乎遑遑欲何之？
富贵非吾愿，帝乡不可期。怀良辰以孤往，或植杖而耘籽。
登东皋以舒啸，临清流而赋诗。聊乘化以归尽，乐夫天命复奚疑！

끝이로다
이 몸이 세상에 얼마나 머무르리
어찌 가고 머무름을 자연에 맡기지 않고서
어디로 그리 서둘러 가려 하는가
내 부귀는 바라지 않으며
신선을 기대하지도 않노라
좋은 때라 생각되면 홀로 가리라
때로는 지팡이 세워 놓고 밭을 갈며
동쪽 언덕에 올라 조용히 읊조리고
맑은 시냇가에서 시를 지어보네
자연을 따르다 돌아가면 그만인 것을
주어진 천명을 누렸거늘 더 의심할 것이 무엇 있으랴

내 현령을 80일 지내고 1년 치 봉록을 얻었으니 당분간은 버틸 수 있을 거요.

하지만 이것도 언젠간 다 떨어질 거예요.

무슨 계획이라도 있으세요?

남산 아래에 황무지가 많으니 농사를 지어 먹을 것을 얻읍시다.

거기는 토질이 안 좋아서 농사짓기가 불가능할 텐데요.

그럼 뽕나무와 삼을 심자고!

어려서부터 세속에 어울리지 못하고 천성이 본디 언덕과 산을 좋아했네. 잘못하여 티끌세상의 그물 속으로 떨어져 훌쩍 13년이 지났네.

떠돌이새는
옛 숲을 그리워하고
연못의 물고기는 전에 헤엄
치던 웅덩이를 생각하네.
황폐한 남쪽 들판 언저리를
일구고 본성대로 살려고
시골로 돌아가네.

아버지,
또 멍하게
계시네요!

시를 짓는
중이니 방해하지
마라.

무슨
시예요? 저도
들려주세요!

원망스러워 홀로 지팡이
짚고 돌아오는데 산길 험해
덤불 헤치고 굽은 길 지나왔네.
계곡물 맑고 얕으니 내 발 씻기에
충분하네. 갓 익은 술 걸러서
닭 한 마리 잡아 이웃들
불렀네.

해 지고 방 안 어두워
지니 땔나무 불붙여
밝은 촛불 대신하네.
즐기다 보니 밤이 짧아
아쉬웠는데 어느새
다시 날이 밝았네.

아버지는 시골로 돌아오시고 정말 기분이 좋아지셨어요.

행복~

맞다. 이건 내 생애에 가장 현명한 선택이었어.

이 시 제목은 「귀원전거歸園田居」라고 하자.

도 선생, 큰일 났어요! 집에 불이 났어요!

뭐라고요?

무정하게도 불이 집을 몽땅 태워서 돌아갈 곳이 없구나.

털썩―

너무 괴로워 마세요. 옆집 어부가 배를 빌려 준다고 했으니 잠시 거기서 지내요.

아쉬운 대로 그렇게 합시다.

아무 근심 걱정 없는 요순 시대로 돌아간다면 얼마나 좋을까!

까악—

깍

왜 그런 허무맹랑한 생각을 하세요!

봐요, 까마귀까지 당신을 비웃잖아요!

부인, 요순 시절처럼 살아가는 곳이 정말 있다고 생각하오?

그런 곳이 정말 있다면 우리도 거기서 살아요.

꿀꺽

꿀꺽

그만 마셔요. 그러다가 몸 상하겠어요.

참견 마시오!

여보!

쿵—

쿨쿨~

그대로 잠이 들어 버렸군.

어, 여기가 어디지?

사방이 복숭아나무 천지야!

앞은 마을 입구 같아 보이는데 ……

꼬끼오~

멍멍-

어떻게 오셨습니까?

길을 가다가 무심결에 여길 지나가게 됐소.

진시황의 학정으로 다들 힘들게 살아가시죠?

내가 잘못 들었나? 지금은 벌써 동진 시대인데.

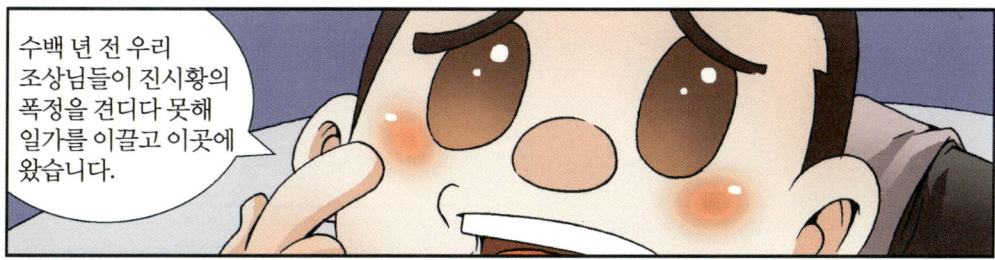

수백 년 전 우리 조상님들이 진시황의 폭정을 견디다 못해 일가를 이끌고 이곳에 왔습니다.

그 이후로 세상과 단절돼 바깥 소식을 전혀 모릅니다.

아, 그랬군요!

일단 저희 집으로 가시죠. 진나라 이후 무슨 일이 벌어졌는지 얘기 좀 들려주세요.

235

번

쩍

까 악—

깍 깍

그 마을 이름은 도화원이오! 그곳 사람들이 바로 요순 시절처럼 행복하게 살아가고 있다고!

아직도 술이 덜 깨셨어요?

꿈속에서 본 장면을 「도화원기桃花源記」로 남겨야겠소!

427년 겨울, 도연명이 세상을 떠났다. 당시 사람들은 그의 작품을 높이 쳐 주지 않았지만 금이 언젠간 빛을 발하듯, 후세 사람들은 도연명의 진가를 알아보았다. 송대의 유명한 시인 신기질은 심지어 도연명을 역대 중국의 최고 시인이라고 치켜세웠다.

다음 권에 계속됩니다…